NUVEM
DE GLÓRIA

NUVEM DE GLÓRIA

SARAH HAYASHI & TEÓFILO HAYASHI

PREFÁCIO POR **MICHAEL BRODEUR**

Todos os direitos deste livro são reservados pela Editora Quatro Ventos.

Editora Quatro Ventos
Rua Liberato Carvalho Leite, 86
(11) 3746-8984
(11) 3746-9700

Todas as citações bíblicas foram extraídas da Almeida Revista e Corrigida (ARC), salvo indicação em contrário.

Editor Responsável: Renan Menezes
Equipe Editorial:
Sarah Lucchini
Nilda Nunes
Mauro Tanaka
Diagramação: Vivian de Luna
Capa: Big Wave Media

Bíblia Sagrada. Traduzida em português por João Ferreira de Almeida. Revista e Atualizada. 2 ed. Barueri, SP: Sociedade Bíblica do Brasil, 1993.

1ª Edição: Julho 2016
2ª Edição: Janeiro 2018
3ª Edição: Junho 2019

Ficha catalográfica elaborada por Geyse Maria Almeida Costa de Carvalho – CRB 11/973

H412n Hayashi, Sarah

Nuvem de glória / Sarah Hayashi, Teófilo Hayashi. - São Paulo: Quatro ventos, 2019.
192 p.

ISBN: 978-85-54167-17-2

1. Religião. 2.Ensino religioso.
3. Desenvolvimento espiritual.
4. Desenvolvimento espiritual
I. Hayashi, Teófilo. II. Titulo.

CDD: 200
CDU: 2-42

SUMÁRIO

INTRODUÇÃO 17
CAPÍTULO 1 | A NUVEM 23
CAPÍTULO 2 | DE DIA E DE NOITE 31
CAPÍTULO 3 | CONHECENDO A NUVEM 45
CAPÍTULO 4 | DEBAIXO DA NUVEM 61
CAPÍTULO 5 | EXPLICAÇÃO 71
CAPÍTULO 6 | MEUS PRIMEIROS PASSOS RUMO À NUVEM .. 83
CAPÍTULO 7 | A PRESENÇA MANIFESTA E A ONIPRESENÇA . 97
CAPÍTULO 8 | OS DONS DO ESPÍRITO SANTO 115
CAPÍTULO 9 | OS CINCO MINISTÉRIOS 131
CAPÍTULO 10 | OS PROPÓSITOS DOS DONS DE CRISTO 145
CAPÍTULO 11 | PROFETAS E PROFÉTICOS 155
CAPÍTULO 12 | A NUVEM DE TESTEMUNHAS 167
ANEXOS 189

DEDICATÓRIA

Este livro é dedicado a Zach Hayashi, nosso filho e neto. Nossa oração é que você continue expandindo o Reino de Deus assim como seus antepassados, tão ousadamente, fizeram. Com você existe uma nova geração de apanhadores de nuvens que está surgindo. Vocês caminharão juntos e, dentro das próximas nuvens do mover de Deus, experimentarão o que ainda apenas sonhamos; ajudarão a cobrir a Terra com a glória de Deus.

AGRADECIMENTOS

TEÓFILO HAYASHI

Agradeço à minha linda esposa Junia. Amo viver a vida com você. Correr atrás das nuvens e dos moveres de Deus em sua companhia me faz sentir mais vivo e no centro da vontade do Senhor. Estou muito esperançoso por todas as aventuras que ainda viveremos, realizando os sonhos de Deus sobre nós. Admiro-a como mãe e mulher. Obrigado por ser tão generosa, por me encorajar, me amar tão bem e me impulsionar para alçar voos mais altos. Te amo, *baby*.

Agradeço à mulher mais sábia e corajosa que conheço: minha mãe, Sarah Hayashi. Sua força e sabedoria em meio a tantas adversidades, transformaram um menino em um homem apaixonado pela presença de Deus. Você me ensinou o que é seguir e amar a Cristo. Tenho uma eterna gratidão e amor por você. Sou fruto e resultado do seu investimento e das suas inúmeras orações. Obrigado por ser meu maior exemplo nessa Terra. Te amo, *mom*.

Agradeço à Sueli Yuhara pela fidelidade e pelo trabalho que tem realizado sempre com muito zelo.

Sou grato a você por fazer de tudo para que eu cumpra o chamado de Deus na minha vida. Muito obrigado! Você e seus filhos são parte da nossa família.

Agradeço a Mauro Tanaka que, além de ser um amigo, foi peça fundamental no projeto deste livro. Esta obra não seria possível sem o seu esforço e suor, tampouco sem sua sensibilidade ao mover de Deus na Igreja de Jesus Cristo.

Agradeço a cada um que, diariamente, luta lado a lado comigo para cumprirmos a visão que Deus nos deu. Muito obrigado equipe Dunamis e Igreja Monte Sião, minha família.

AGRADECIMENTOS

SARAH HAYASHI

Meus sinceros agradecimentos aos meus pais. Vocês sempre me incentivaram aos estudos e à aquisição de conhecimentos gerais. Deixaram para mim o mais precioso dos legados: o temor a Deus, o amor pelas Escrituras Sagradas.

Sou grata à Sister Miller (Rev. Elvina Miller) que me inspirou a ter revelações das Escrituras e me mover no Espírito Santo.

Agradeço aos meus alunos em várias localidades. Toda vez que ministrei a vocês, especialmente no curso Profetas e Proféticos, o Espírito Santo me acrescentava algo novo.

Obrigada Mauro Tanaka, por transformar meus escritos, tornando-os uma leitura agradável.

Obrigada meus filhos. Vocês me mantêm atualizada e me instigam a continuar a caminhada.

Acima de tudo, é claro, minha gratidão a Deus-
-Pai, Jesus Cristo e ao Espírito Santo, com quem convivo diariamente em amor. Sem o Senhor, nada posso. Sou eternamente grata por me conduzir às profundezas de Suas maravilhas pelos mais variados caminhos.

PREFÁCIO

Somos privilegiados por viver em um dos momentos mais importantes da história da humanidade. Um dos fatores-chave desse tempo é representado em um dos últimos versículos do Antigo Testamento, a que eu chamo "Parceria Intergeracional".

> "Eis que eu vos enviarei o profeta Elias, antes que venha o grande e terrível dia do Senhor; E ele converterá o coração dos pais aos filhos e o coração dos filhos a seus pais, para que eu não venha e fira a terra com maldição." (Malaquias 4.5-6)

Este livro é um mapa para o avivamento. Ele foi forjado em um relacionamento dinâmico entre duas gerações — uma mãe e seu filho. Eles são pessoas bem diferentes um do outro, mas se unem em prol de uma paixão mútua: ver o Reino de Deus vindo à Terra e a vontade d'Ele sendo feita na Terra como é no céu. Essa sinergia geracional nasceu em uma das principais igrejas de São Paulo — a Igreja Monte Sião — e tem também se expressado através de um dos ministérios mais poderosos no mundo: o Movimento Dunamis, que há quase 10 anos vem trazendo avivamento para mais de 100 *campus* universitários na América Latina e além.

A doutora Sarah Hayashi é uma poderosa, mas ainda assim humilde, mulher de Deus, que foi chamada para ser pioneira em um tempo no qual ministérios de mulheres eram raros e normalmente rejeitados. Apesar disso, sua sabedoria e unção prevaleceram, dando lugar a uma congregação próspera e apaixonada pela Palavra e presença de Deus. Seu filho, Teófilo Hayashi, foi para os Estados Unidos, onde recebeu treinamento ministerial e, em seguida, retornou ao Brasil para estabelecer o Movimento Dunamis, ministério que capacita centenas de líderes para impactar os campus universitários e o mercado de trabalho ao redor do Planeta. Mais tarde, sob direção específica do Espírito Santo, Sarah Hayashi transferiu a liderança sênior da igreja para Teófilo, que tem assumido esse papel com um senso renovado de propósito e paixão.

Atualmente, mãe e filho, trabalham juntos, em uma parceria intergeracional cujo objetivo é trazer a presença e o poder de Deus para sua cidade, nação e todo o mundo. Este livro é a consumação dessa parceria. Seja você alguém de mais idade ou ainda jovem, esta obra ministrará ao seu coração e o equipará para um relacionamento mais profundo com Deus e Seus propósitos.

No espírito de Elias, que cumpriu seu ministério em parceria com Eliseu, seu filho espiritual, a presente obra combina a sabedoria e revelação de décadas de ministério com a paixão e o poder da geração emergente. Ele é o fruto dessa união e é um chamado e comissionamento poderoso. Um chamado para um amor mais profundo por Jesus e uma conexão com o Espírito Santo; um comissionamento para servir a Deus e ao próximo de tal forma que mude vidas e transforme cidades. Estou empolgado para ver como Deus usará este livro para transformar o mundo.

Michael Brodeur
Jesus Culture & PastorsCoach.com
Redding, California

INTRODUÇÃO

SARAH HAYASHI

Um céu azul e límpido, sem nuvens, é tão belo quanto um céu cheio delas. Assim como eu, quando pequena, muito provavelmente você também se divertia tentando adivinhar quais desenhos as nuvens formavam. Enxergar baleias, rostos humanos e corações são apenas alguns exemplos de imagens que, seguramente, todo adulto visualizou quando criança. Todas as vezes que olho para as nuvens fofinhas me lembro de quando era menina e ouvia o vendedor falando em seu alto-falante: "Doce, doce, doce de algodão doce". No mesmo instante, eu e muitas outras crianças saíamos correndo, com as nossas moedinhas nas mãos, para usá-las na compra do doce, o que considerávamos ser o melhor investimento que poderíamos fazer com nossas finanças.

Entretanto, apesar das nossas experiências com nuvens ou até mesmo a abordagem científica que físicos trariam a respeito dela, a Bíblia nos introduz uma conotação espiritual muito relevante e talvez pouco explorada por nós.

A primeira vez que a nuvem é mencionada, de acordo com a "Lei da Primeira Menção", ela carrega um peso de rico valor espiritual, por meio da linguagem figurativa, ao longo de toda a Sagrada Escritura. Essa ocorrência está no livro de Gênesis, quando Deus faz uma aliança com Noé, usando como símbolo a figura do arco-íris. A nuvem sustenta a aliança de Deus com a humanidade por meio do arco-íris que, até hoje, colore o céu, nos lembrando da história de Noé e da aliança universal e inegável que foi selada com ele e sua descendência.

Na segunda menção do termo nas Escrituras, no decorrer da caminhada do povo hebreu pelo deserto rumo à prometida cidade de Canaã, a nuvem representou direção, proteção e provisão, tanto de dia quanto de noite:

> "O Senhor ia adiante deles, durante o dia, numa coluna de nuvem, para os guiar pelo caminho; durante a noite, numa coluna de fogo, para os alumiar, a fim de que caminhassem de dia e de noite." (Êxodo 13.21)

Aqui, a provisão era emocional e espiritual. No sentido espiritual, o coração dos israelitas podia ter um parâmetro que era traçado pela esperança de um romper de sua história. De dia, a coluna de nuvem dava ao povo de Israel uma segurança emocional de que estava a caminho de um destino já definido: a terra de Canaã, de onde manavam leite e mel. No período noturno, a região desértica costuma ter temperaturas baixas, uma coluna de fogo aquecia e conferia proteção aos viajantes do deserto. Imagine como seria um lugar frio e de escuridão completa, sem eletricidade ou fogo. Seria em um local assim que os israelitas estariam se a coluna de fogo não estivesse lá. Os israelitas eram consolados pela esperança que a coluna de fogo lhes trazia, confirmando que Deus estava com eles e que jamais os abandonaria. Definitivamente, Deus cuidava de Seu povo em todas as áreas.

Hoje não enxergamos essa nuvem, no sentido físico, mas, para todos os que O buscam e desejam realmente cumprir Sua vontade, Ele revela pedaços do sobrenatural (sinais visíveis). Creio que Deus pode trazer de volta todos os sinais que aconteceram no Antigo Testamento, mas por ser criativo e fazer tudo com um propósito, Ele distribui para cada filho e filha aquilo que é necessário.

Para nós, que vivemos nos dias de hoje, na época da graça e da revelação, a nuvem representa o mover do Espírito Santo e outras manifestações sobrenaturais. Em outras palavras, ela indica a presença manifesta de Deus, o que também chamamos de glória de Deus.

Durante a peregrinação pelo deserto, em direção à Canaã, quando a nuvem parava, o povo também precisava parar. Ela era também sinal da presença de Deus, assim como relatado em Números 9.15. A presença de Deus nos guia e não tem pressa. Precisamos aprender a desenvolver sensibilidade ao mover do Espírito Santo, que está acessível a todos.

Já em forma de coluna de fogo, essa aparição representa a presença do Espírito Santo, mesmo em horas de dificuldade, também sendo associado como a representação do batismo de fogo, como mencionado por João Batista:

> "Eu vos batizo com água, para arrependimento; mas aquele que vem depois de mim é mais poderoso do que eu, cujas sandálias não sou digno de levar. Ele vos batizará com o Espírito Santo e com o fogo." (Mateus 3.11)

A noite simboliza épocas ou momentos de grandes dificuldades. No entanto, apesar desses instantes de tribulação, Deus jamais nos abandona. Somado a isso, Tiago nos traz uma perspectiva interessante a respeito da nossa identidade frente às tribulações e dificuldades:

> "Bem-aventurado o homem que suporta a tentação, porque, depois de ter sido provado, receberá a coroa da vida, que o Senhor prometeu aos que o amam." (*Tiago 1.12; Tradução Brasileira, Sociedade Bíblica do Brasil*)

Parece paradoxal considerar "bem aventurada" uma pessoa que passa por tentações ou provações; entretanto, a Palavra não falha. Quando alguém passa pelo fogo, todas as impurezas são queimadas e removidas. Sofremos nas horas de provações, mas temos esperança de que tudo é passageiro e o que fica é o resultado da bondade e do amor de Deus em nosso coração. Haverá mais lugar para Cristo Jesus ocupar.

É importante lembrarmos também que as tentações ou provações acontecem porque ainda temos áreas que nos levam a pecar contra Deus. Mesmo que tenhamos a vida eterna e que estejamos cheios do Espírito Santo em nosso espírito, a nossa alma deve ser tratada e mergulhada no Espírito Santo. O processo da santificação, a segunda parte do *SOZO*, se torna mais eficaz quando a nossa alma fica sensível à voz do Espírito Santo e quando permitimos o fogo queimar todas essas impurezas.

> Passar pelo fogo é inerente à vida cristã. É um processo de crescimento, amadurecimento e transformação do nosso caráter à semelhança de Jesus Cristo, se assim o desejarmos.

Passar pelo fogo é inerente à vida cristã. É um processo de crescimento, amadurecimento e transformação do nosso caráter à semelhança de Jesus Cristo, se assim o desejarmos. O fogo é também um dos símbolos do Espírito Santo. Ele realmente queima as impurezas, a fim de nos tornar cada vez mais como Jesus Cristo. Isso é uma boa notícia, ainda que no momento em que passamos pelo fogo, soframos ou choremos. Se entendermos como isso é um privilégio para os filhos de Deus, teremos perseverança para suportar o fogo que antecede alívio, consolo, vitória e alegria que virão em seguida.

"Filho meu, não menosprezes a correção que vem do Senhor, nem desmaies quando por ele és reprovado; porque o Senhor corrige a quem ama e açoita a todo filho a quem recebe." (Hebreus 12.5b-6)

Apesar das conotações espirituais, conhecemos razoavelmente bem as propriedades do fogo e suas utilidades em nosso mundo físico. Assim também sabemos que o surgimento de nuvens precede a chuva. Neste livro mencionaremos alguns dos benefícios espirituais que essas nuvens ainda derramam sobre nossa vida em todas as áreas, tais como frescor, verdor, restauração, novidades, poder sobrenatural, visitações angelicais e tantas outras manifestações que revelam o próprio céu invadindo a Terra e preparando o povo de Deus para fazer parte das Bodas do Cordeiro, Jesus Cristo, o nosso Redentor e Noivo.

CAPÍTULO 1

A NUVEM

SARAH HAYASHI

Para o povo hebreu, chuva era um sinal muito grande de bênção, principalmente, por viverem de atividades agropecuárias. A plantação era o meio de sobrevivência dos animais e do próprio povo, e os animais eram destinados à alimentação, construção do tabernáculo de Moisés, confecção de vestimentas e, sobretudo, aos sacrifícios de adoração a Deus.

É interessante percebermos que no Antigo Testamento, a chuva não só era uma das bênçãos prometidas aos obedientes, mas que a falta dela era sinal de maldição ou castigo:

> "Será, porém, que, se não deres ouvidos à voz do SENHOR, teu Deus[...] Os teus céus sobre a tua cabeça serão de bronze; e a terra debaixo de ti será de ferro; Por chuva da tua terra o SENHOR te dará pó e cinza." (Deuteronômio 28.15a-23-24b)

Todos sabemos que quanto mais densa a nuvem mais forte será a chuva. O gasoso se tornando líquido; podendo até se tornar sólido — pedras/granizo — conforme a mudança drástica de temperatura nos ares. Mas, em resumo, as nuvens prenunciam chuvas que nos proporcionam crescimento, limpeza, frescor, manutenção dos ciclos biológicos, geológicos e químicos, que não só mantêm os ecossistemas em equilíbrio, mas também são essenciais para o desenvolvimento da civilização. Por isso, apesar da bondade de Deus e da inexistência de chuvas torrenciais, dilúvios, ciclones, maremotos e terremotos, no plano divino original, as chuvas eram muito bem-vindas e esperadas pelo povo hebreu, da mesma maneira ou até mais do que no tempo presente.

Em nossa vida as nuvens também são prenúncio de chuvas de bênçãos e a coluna de fogo, nas agruras e tribulações que vivemos, representa a presença de Deus que nos consola, enquanto aguardamos, com expectativa, pelo romper do novo dia.

A NUVEM COMO PRENÚNCIO DOS DONS DE CRISTO

Além da nuvem com a conotação espiritual, a Bíblia emprega outros significados para ela, a partir da primeira menção no Antigo Testamento, como já mencionamos.

No reinado de Acabe (1Reis 18), depois que o fogo queimou e matou os profetas de Baal, Elias aconselha o rei a se alimentar e beber água devido à seca. O profeta já podia ouvir em seu espírito o som de chuva abundante que estava por vir. Sempre que há profecia, precisamos discernir se temos que fazer a nossa parte ou apenas esperar com fé pelo seu cumprimento. Nesse caso, como na maioria das vezes, Deus requereu de Elias uma espera regada com oração e tempo de comunhão intencional com Ele.

Elias subiu ao topo do monte Carmelo, dobrou-se fervorosamente diante de Deus, se encolheu, afundando a cabeça entre os joelhos, numa postura como se estivesse gerando "um bebê". Na verdade, em oração e intimidade com Deus, ele estava gerando nuvem e chuva. Aos poucos, enviava o seu servo para ver se este enxergava algum indício da chuva que havia sido prometida. Por seis vezes o servo ia e voltava até Elias, mas sem sucesso. O profeta continuava com a mesma postura, ainda gerando e esperando a nuvem que traria a chuva. Finalmente, na sétima vez, o servo voltou com um recado: Ele havia visto uma nuvem pequena, com a forma da mão de homem subindo do mar. Veja o que o texto diz:

> "[...] Elias, porém, subiu ao cimo do Carmelo, e, encurvado para a terra, meteu o rosto entre os joelhos, e disse ao seu moço: Sobe e olha para o lado do mar. Ele subiu, olhou e disse: Não há nada. Então, lhe disse Elias: Volta. E assim por sete vezes. À sétima vez disse: Eis que se levanta do mar uma nuvem pequena como a palma da mão do homem."
> (1Reis 18.42b-44)

A terra seca necessita de chuva para poder germinar as sementes. Os nutrientes da terra são ativados e liberados com a chuva que a umedece. Para que haja chuva no sentido espiritual, seguimos o processo natural de onde entendemos o agir de Deus em nosso coração e na Igreja do Senhor Jesus. Sem a nuvem não há chuva e sem chuva não há umidade de solo.

A palavra "humildade", mencionada por Cristo, especialmente, no sermão do monte, vem de "*humus*" (Latim), que diz respeito ao solo que oferece nutrientes para as raízes das plantas. A chuva é responsável por esse processo. A semente se nutre desse "*humus*" e germina nessa condição. Assim, a Palavra de Deus tem sido semeada por séculos e séculos, desde o Antigo Testamento e ainda há muito para se cumprir. Tanto a semente, que é a Palavra de Deus, como um coração humilde, são ricamente beneficiados pela chuva. Espiritualmente, a nuvem que traz a predição da chuva serôdia, que hoje ainda estamos esperando, tem ligação direta com os cinco ministérios de Cristo, mencionados em Efésios 4.1-16.

Já a chuva temporã, que se cumpriu no Novo Testamento, com a descida do Espírito Santo, ficou disponível a toda a criatura desde então. Até a vinda de Cristo, o Espírito Santo era apenas para sacerdotes, profetas, reis e uns poucos outros para tarefas especiais. Contudo, na Festa de Pentecostes, na celebração da doação das Leis de Moisés e na Primeira Colheita após a chuva temporã, o ministério do Espírito Santo se iniciou na história do povo hebreu. Nada é uma coincidência. Tudo é planejado pelo nosso Deus soberano.

Hoje é o próprio Jesus Cristo que nos batiza com o Espírito Santo. Este veio para falar e fazer o que o

Pai e o Filho Lhe ordenam, nos guiando em toda a verdade, convencendo do pecado, da justiça, do juízo e nos confortando nas horas difíceis de nossa caminhada. Textos como João 14,15,16 e Romanos 8, dentre muitas outras referências, nos revelam Sua obra atualmente.

CAPÍTULO 2

DE DIA E DE NOITE

SARAH HAYASHI

É inegável a emoção que sentimos ao ler a respeito da saída dos israelitas do Egito, a terra da escravidão, por intermédio da liderança conjunta entre Deus e Moisés. Por meio de dez sinais sobrenaturais, Deus enviou pragas sobre os egípcios, sem que estas afetassem o povo de Israel, ainda que estivessem no mesmo território.

A caminho de Canaã, terra prometida que manava mel e leite, o povo hebreu peregrinou pelo deserto após ter atravessado o mar Vermelho. Memórias como essas nunca deveriam ser esquecidas, afinal, não é todo dia que vemos um mar abrindo caminho com muros feitos de águas em movimento. Para nós que não vivemos pessoalmente esse milagre, talvez seja quase impossível imaginar a sensação que aquelas pessoas tiveram ao ver aquele momento sobrenatural se concretizando diante de seus olhos.

Além desses, outros milagres aconteciam constantemente. O maná, pão que satisfazia o povo de Israel, era como um orvalho que caía do céu todas as manhãs; a água que jorrava das rochas; codornizes que surgiam, servindo de alimento para o povo desejoso de carne e enjoado do maná; calçados e roupas que não se gastavam nem envelheciam; além das infinitas coisas de outro mundo que ultrapassam as leis da Física e da Química.

Os sinais deveriam ser suficientes para que o povo acreditasse na infalibilidade divina, mas não foram, graças à mentalidade de escravidão que havia invadido aqueles corações. Assim também é hoje. Muitos ainda resistem ou não conseguem confiar na bondade e no poder de Deus, mesmo depois de experimentarem o novo nascimento, dando espaço à incredulidade, insegurança, dúvida, insensibilidade e dureza de coração. Se quisermos avançar e alcançar o alvo da perfeita estatura de Cristo, é necessário que sejamos constantemente trabalhados em nossa alma, onde moram a nossa personalidade, temperamento, vontade, raciocínio, emoções e livre arbítrio. Do contrário, nos tornaremos cada vez mais como o povo de Israel, que mesmo após tantas exposições ao sobrenatural continuou com um coração ingrato e murmurador, sem enxergar o amor e o cuidado de Deus, tanto de dia quanto de noite.

NUVEM DE DIA

> "O SENHOR ia adiante deles, durante o dia, numa coluna de nuvem, para os guiar pelo caminho; durante a noite, nua coluna de fogo, para os alumiar, a fim de que caminhassem de dia e de noite. Nunca se apartou do povo a coluna de nuvem durante o dia, nem a coluna de fogo durante a noite."
> (Êxodo 13.21-22)

Quando foram libertos, muitos israelitas já não possuíam o conhecimento do Deus que seus antepassados tinham. O sofrimento pela escravidão e a falta de adoração, fizeram que o povo de Deus se esquecesse de suas raízes. Contudo, apesar de passadas tantas gerações desde Adão e Eva, Deus jamais passa.

A Bíblia nos mostra que, durante o período no deserto, os hebreus tiveram de caminhar de noite e de dia em algumas ocasiões; isso nos revela que, nessas ocasiões eles não paravam à noite para dormir. De dia e de noite, Deus estava trazendo direção, proteção e provisão para eles, e apesar das muitas reclamações e ofensas que cometeram contra o Senhor, Ele nunca se esquecera de Suas promessas feitas a Abraão e sua descendência. Como uma manifestação palpável de Sua presença, Deus colocou uma nuvem durante o dia, não só para acompanhar o povo, mas também como representação de Sua presença consoladora e esperançosa.

A nuvem também ditava o ritmo da caminhada: quando ela parava, os israelitas já sabiam que deveriam fazer o mesmo. Nesse tempo, o povo aproveitava para meditar, refletir e recarregar as energias, a fim de continuar a caminhada. Ou seja, o tempo todo eles não só eram guiados pela nuvem, mas também precisaram entender o conceito de confiança e descanso, o que só pode ser atingido a partir de um relacionamento. Aqui há algo muito importante que devemos nos lembrar, uma lição que precisamos aprender: nossa vida também deve estar continuamente em sincronia com Deus. Assim como Ele descansou no sétimo dia da Sua criação, Ele deixou com Moisés um mandamento para ensinar o povo judeu a guardar o descanso, o sábado.

Nestes dias pós-modernos, quando tudo é para ontem, faz-se mais do que necessária uma disciplina intencional para o cultivo de nosso tempo de qualidade com Deus, com familiares, amigos e até conosco mesmos. O tempo com Deus nos revigora e nos torna propícios a nos achegarmos mais perto d'Ele como Pai e não apenas como Criador Todo-poderoso. Deus ama intimidade, por isso Ele instituiu a família e nos convida a fazer parte da Sua. Muitas pessoas, inclusive cristãos, tem entrado em uma rotina frenética na tentativa de abraçar o mundo com os dois curtos braços e não tem se nutrido saudavelmente em suas emoções, mente, pensamentos e corpos, terminando doentes ou com sérias complicações de ordem psicológica. Muitas vezes, parar é continuar caminhando, já que o descanso revigora as energias para que possa se manter firme durante a jornada.

Deus, em Sua infinita sabedoria e amor, fazia a nuvem se mover, atraindo o povo de Israel para Si. Em outras palavras, as paradas temporárias da nuvem tinham como objetivo trazer experiências para que o povo pudesse conhecer a Deus, o mesmo Deus que havia mantido Sua promessa a Abraão, Isaque e Jacó, seus antepassados. Era justamente essa pausa que produzia a intimidade com Deus como Pai amoroso, bondoso, santo e justo. Assim também é conosco hoje.

> Andar em sincronia com Deus produz mais frutos para a eternidade.

Apesar da nossa correria, Deus não se rende a nossa falta de tempo. Se queremos conhecê-lO, precisamos investir tempo. Não existem atalhos para tornar um relacionamento mais maduro e íntimo. O que é precioso leva tempo para ser cultivado e ainda mais para ser mantido.

Por isso, aqueles que puderem ouvir o doce toque ou o sussurrar do Espírito Santo, será o menos desesperado, mais inteligente, sábio e, ainda que pareça controverso, o mais producente. Andar em sincronia com Deus produz mais frutos para a eternidade.

O próprio Senhor Jesus Cristo disse:

> "Tomai sobre vós o meu jugo e aprendei de mim, porque sou manso e humilde de coração; e achareis descanso para a vossa alma. Porque o meu jugo é suave, e o meu fardo é leve". (Mateus 11.29-30)

A mansidão e a humildade não são traços característicos da humanidade deste século XXI. As pessoas têm muitos conhecimentos tecnológicos, mas necessitam entrar na escola do Espírito Santo e conhecer o verdadeiro estilo do nosso Deus. A tecnologia moderna tem roubado a riqueza do convívio e do calor humanos, tempo de ações e reações que amadurecem o lado emocional e a troca de experiências de coleguismo. Há menos amizade sincera e há muitos contatos baseados no profissionalismo insensível e técnico. O intercâmbio de desconfiança e falta de honestidade e bondade tem produzido pessoas egocêntricas, orgulhosas e frias. Se a humanidade andasse no ritmo da nuvem de glória, poderia trazer chuvas suaves e refrescantes, mais do que destruição de *tsunamis*.

Os frutos de qualquer árvore têm o seu tempo determinado. Um fruto doce e suculento requer uma árvore plantada em solo fértil e necessita dos raios de luz, que são circunstâncias naturais; entretanto, necessita de cuidados manuais do lavrador, como por exemplo: limpeza, podas e amor.

Cada um de nós é uma árvore que depende de Deus, nosso lavrador. Quanto mais correspondemos o nosso Pai, mais sincronizados andamos com Ele e, assim como uma nuvem embeleza o céu azul, a presença de Deus nos enriquece com Sua paz e serenidade e nos leva a produzir frutos lindos, doces e suculentos.

COLUNA DE FOGO DE NOITE

Todas as noites, a nuvem tornava-se uma coluna de fogo para iluminar o povo de Deus, que continuava a caminhar em direção à terra prometida, onde haveria mel e leite, ou seja, alimento com doçura e energia. Deus espera que sejamos um povo doce e humilde, mas também corajoso e intrépido. Em Mateus 10.6, Jesus disse: "Eis que eu vos envio como ovelhas para o meio de lobos; sede, portanto, astutos como serpentes e símplices como as pombas". Há momentos determinados para cada instância.

Saber o momento certo para ser astuto, simples ou humilde depende muito da comunhão com o Espírito Santo e a sensibilidade ao Seu mover como uma coluna de fogo, especialmente nas agruras da vida. Há momentos em que nos sentimos abandonados, desprezados, rejeitados, solitários, perseguidos e, o pior de tudo, traídos por pessoas que amamos. Entretanto são justamente nesses momentos de escuridão que, quando damos espaço, Jesus pode trazer a coluna de fogo, iluminar e mostrar qual é o melhor caminho. Na verdade, Ele mesmo passou por tudo isso, sem pecar, e, por isso, nos alerta:

"E acautelai-vos dos homens; porque vos entregarão aos tribunais e vos açoitarão nas suas sinagogas; por minha causa sereis levados à presença de governadores e de reis, [...] O discípulo não está acima do seu mestre, nem o servo, acima do seu senhor [...] Portanto, não os temais; pois nada há encoberto, que não venha a ser revelado; nem oculto, que não venha a ser conhecido". (Mateus 10.17-18a-24a-26)

Entretanto, apesar de sabermos o que é correto, a prática nem sempre é tão simples, nos levando a questionar como podemos passar por coisas assim sem pecar. Ou pelo menos sem entristecer a Deus, ou, até mesmo, como é possível perdoar e amar como Jesus fez? Não podemos. Mas o Espírito Santo em nós, sim. A coluna de fogo representa para nós, nos dias atuais, provas e tribulações, e nessas horas, mais do que nunca, devemos depender do Espírito Santo; das armas espirituais e não das "armas carnais":

> "Porque, andando na carne, não militamos segundo a carne. Porque as armas da nossa milícia não são carnais, mas, sim, poderosas em Deus, para destruição das fortalezas; destruindo os conselhos e toda altivez que se levanta contra o conhecimento de Deus, e levando cativo todo entendimento à obediência de Cristo, e estando prontos para vingar toda desobediência, quando for cumprida a vossa obediência.". (2 Coríntios 10.3-6)

> "Quanto ao mais, sede fortalecidos no SENHOR e na força do seu poder. Revesti-vos de toda a armadura de Deus, para poderdes ficar firmes contra as ciladas do diabo; porque a nossa luta não é contra o sangue e a carne, e sim contra os principados e potestades, contra os dominadores deste mundo tenebroso, contra as forças espirituais do mal, nas regiões celestes. Portanto, tomai toda a armadura de Deus, para que possais resistir no dia mau e, depois de terdes vencido tudo, permanecer inabaláveis. Estai, pois, firmes, cingindo-vos com a verdade e vestindo-vos da couraça da

justiça. Calçai os pés com a preparação do evangelho da paz; embraçando sempre o escudo da fé, com o qual podereis apagar todos os dardos inflamados do Maligno. Tomai também o capacete da salvação e a espada do Espírito, que é a palavra de Deus; com toda oração e súplica, orando em todo tempo no Espírito..." (Efésios 6.10-18a)

Deus sabe de tudo. Ele vê todas as coisas. Algumas são visíveis aos olhos humanos, inclusive pecados, que facilmente se evidenciam; porém, há transgressões em forma de pensamentos, imaginações e sentimentos que só aquele que as comete e Deus sabem. Existem feridas, mágoas, falta de perdão e pecados escondidos, coisas pendentes e não resolvidas adequadamente ou disfarçados, o que, muitas vezes, se tornam áreas vulneráveis e propícias para a entrada de espíritos imundos. No entanto, há pecados que são facilmente apagados quando os confessamos a Deus. Ele sempre nos perdoa, mas é preciso que resolvamos a raiz, iniquidades que herdamos dos nossos antepassados ou pecados que persistem.

O fogo purifica. Algumas vezes o fogo produz, inclusive, uma transformação "química" que muda a natureza ou o caráter daquilo que é queimado. Da mesma maneira, o fogo do Espírito Santo vem para queimar e purificar. Mudar hábitos, costumes ou cacoetes não é tão difícil, especialmente se falamos de alguém esforçado e persistente. Entretanto, mudar o caráter ou remover raízes herdadas do DNA dos nossos antepassados, não é tão fácil assim. Podemos reconhecer e até admitir tais falhas de caráter, mas não conseguimos nos libertar pela força do nosso braço, por mais boa vontade que possa haver em nós.

O problema dos fariseus na época de Jesus não era a falta de esforço ou honestidade, mas a religiosidade, que é pior que certos pecados de alguns que são ignorantes a respeito das Escrituras Sagradas. A grande questão estava em não reconhecer as falhas, sentimentos e maus pensamentos que ficavam escondidos por trás da aparência religiosa.

A vaidade e o orgulho são grandes impedimentos para que alguém se torne limpo de coração perante Deus. Pessoas orgulhosas e vaidosas, podem até ser elogiadas e ter vantagens perante os homens, enganando os que estão por perto e até a si próprios, mas jamais conseguirão mentir para o Senhor. Tudo que ofende a santidade de Deus precisa do fogo do Espírito Santo.

João Batista apresentou a Jesus e preparou o Seu caminho, dizendo:

> "Eu vos batizo com água, para arrependimento; mas aquele que vem depois de mim é mais poderoso do que eu, cujas sandálias não sou digno de levar. Ele vos batizará com o Espírito Santo e com fogo. A sua pá, ele a tem na mão e limpará completamente a sua eira; recolherá o seu trigo no celeiro, mas queimará a palha em fogo inextinguível".
> (Mateus 3.11-12)

As consequências do pecado original foram resolvidas na cruz do Calvário de uma vez por todas; entretanto, a alma precisa ser tratada. A salvação tem três partes: justificação, santificação e glorificação. No batismo das águas a morte foi removida, e o espírito está em crescimento, em vários níveis, conforme a sede e fome da pessoa por mais de Deus. Já a alma passa pelo processo de santificação pelo Espírito Santo, logo após o batismo das águas, que é uma aliança com Cristo.

> A vaidade e o orgulho são grandes impedimentos para que alguém se torne limpo de coração perante Deus.

Todo ser humano foi gerado com livre arbítrio, e o Espírito Santo respeita as decisões de cada indivíduo. Ele não age sem a nossa permissão ou pedido. Entretanto, se queremos ser libertos das nossas iniquidades precisamos, humildemente, nos submeter a caminhar com a "coluna de fogo"; só assim teremos nossas sujeiras e defeitos purificados.

Jesus nos revelou muito acerca do caráter cristão no Sermão do Monte, registrado nos evangelhos, especialmente no livro de Mateus (capítulos 5, 6 e 7). Ali, Ele ensina a respeito da essência do verdadeiro Cristianismo. O Espírito Santo, o fogo, nos ajudará. Ele nos guiará a toda verdade e nos convencerá do pecado, da justiça e do juízo. Só quem anda com a coluna de fogo poderá ser tratado pelo Espírito Santo e ter o caráter de Cristo, a fim de estar pronto para ser a Noiva perfeitamente compatível com o Noivo, para as Bodas do Cordeiro.

CAPÍTULO 3

CONHECENDO A NUVEM

SARAH HAYASHI

Entre os meus sete irmãos, poucas coisas eram motivo de tanta certeza quanto o fato de que eu tinha que ser advogada. Desde pequena sempre tive um senso enorme de justiça e de inconformidade com as coisas que não entendia, e, principalmente, com aquelas que considerava erradas. Era taxada como dedo duro e implicante, mas nunca silenciei a voz de justiça que gritava dentro de mim. Foi ela que me levou a viver sempre em busca de verdades mais profundas, ser inconformada com o cristianismo da época e sempre disposta a correr atrás das nuvens do mover de Deus pelas décadas que vieram em seguida.

Desde as noites mais geladas até os dias de calor mais intenso, não importava o humor, clima ou a quantidade de horas dormidas, meus pais sempre iniciavam seus dias orando das 4:30h às 6:30h. Sem falhar. Lembro-me de ficar me perguntando de onde eles conseguiam tanto assunto com Deus. Tentando seguir o exemplo, ia para o meu quarto e orava o máximo que podia. Pedia por meus familiares, professores, por minha escola, amigos e tudo o mais que conseguia lembrar. Ao terminar o que para mim parecia ter sido a conversa mais longa que eu já havia participado, olhava para o relógio, mas, para a minha surpresa, apenas alguns minutos haviam passado. Com o tempo, à medida que fui criando intimidade com o Senhor, fui entendendo o que meus pais viviam todas as manhãs. Eles sempre foram meus maiores exemplos e, mesmo que já estejam descansando no Senhor, guardo uma admiração profunda por ambos, além de entesourar até hoje as lições que recebi desde menina. Tanto meu pai quanto minha mãe me deram uma base muito firme para seguir em frente, e mesmo que não tenham vivido todo o conhecimento de verdades bíblicas que temos acesso atualmente, a fidelidade e paixão deles me impulsionou em direção ao novo, sempre acrescentando em meu coração uma sede progressiva em perseguir a nuvem.

Levei essas verdades por onde passava. Aos nove anos de idade, minha professora de Escola Dominical perguntou se eu queria ser batizada nas águas.

— É claro que sim! — respondi sem pensar duas vezes.

Tudo o que era relacionado a Deus, eu queria, pois tudo o que vinha d'Ele tinha relação direta com meus pais. Então, sem nenhum preparo, estudo ou entendimento, fui para o batismo nas águas. Tinha apenas o desejo de agradar a Deus em meu coração e a certeza de que queria seguir os passos de meus pais.

Mesmo sem entender o que estava acontecendo, me alinhei na fila para o batismo e coloquei meu melhor sorriso. Mas, ao contrário de mim, todos os adultos estavam sérios e agindo de maneira extremamente formal. Aos poucos, aquele ambiente foi me deixando não só deslocada como também acuada. Durante os instantes que se seguiram, tentei compreender o significado daquilo, embora viesse a descobrir mais tarde que aquela tentativa era em vão. Após o término da cerimônia, ficamos em fila novamente para receber os cumprimentos, e, nesse momento, os adultos começaram a chorar, mas eu não. Pensei: "Será que tenho que chorar agora?". Fiz força para tentar imitá-los, ainda que em vão. Passei a me perguntar o que realmente havia acontecido e a razão de eu ser a única que não estava chorando. E foi exatamente aqui que as dúvidas começaram a brotar em minha mente. Por causa daquela decisão sem entendimento me martirizei por anos. Essa angústia invadiu minha mente, trazendo dúvidas, medo e até incerteza, fazendo com que eu me questionasse se era mesmo filha de Deus. Uma decisão, que para mim parecia tão simples, levou embora completamente a minha paz.

Depois daquele dia, as dúvidas pareciam surgir com uma frequência cada vez maior, compondo um quadro que eu não só não havia pintado como também não conseguia interpretar a abstração. Quando eu estava na escola, semanalmente, aconteciam aulas de religião, em que os alunos se dividiam entre católicos e protestantes. Os protestantes se reuniam no refeitório, enquanto os católicos permaneciam nas salas de aula. Em uma dessas reuniões, uma das professoras perguntou: "Quem tem medo de morrer?" e "Quem quer ir para o céu?". Involuntariamente meu coração disparou e no mesmo instante levantei minha mão com a certeza de que aquele seria o dia em que tiraria todas as minhas dúvidas.

A professora, como se acreditasse em mágica, passou uma espécie de fórmula para os alunos. Bastava levantar os três dedos da mão e dizer com muita fé: Deus-Pai, Deus Filho e Deus Espírito Santo. Em seguida, com a outra mão deveríamos apertar os dedos bem forte, fechar os olhos e dizer bem firme: "Amém!". Quase esmaguei meus dedos de tanto tentar reproduzir com fidelidade a fórmula, mas, como já era de se esperar, minhas dúvidas e medos persistiam intactos. Ainda me impressiono com as coisas que são pregadas por aí.

Finalmente, quando completei 11 anos passei pela experiência do novo nascimento, o que gerou em mim uma certeza sobrenatural a respeito da minha salvação, algo que vinha de dentro para fora, e todas as dúvidas sobre ser salva ou até mesmo, sobre ser filha de Deus se foram, assim como qualquer resquício de medo da morte. Apesar disso, outros questionamentos que eu tinha continuaram; dessa vez a respeito do verdadeiro cristianismo. Não conseguia entender e aceitar as contradições que enxergava no meio em que eu vivia. Fofocas, brigas, inveja não podiam ser, e não são, características de um cristão. Ao perceber os deslizes dos cristãos mais antigos na fé, decidi em meu coração descobrir sobre o cristianismo verdadeiro. Mesmo com uma bagagem bíblica pobre, comecei a minha jornada para descobrir o cristianismo genuíno. Não fazia a menor ideia de onde começar, mas decidi não descansar até encontrar aquelas respostas.

Desde que eu era pequena, todos os jovens da igreja se reuniam para o dia do evangelismo. Entregávamos panfletos nas praças e cantávamos algumas canções, além de encorajarmos todos a falarem sobre Jesus para seus familiares e conhecidos, sempre através de uma abordagem que nos instigava a não termos vergonha de Cristo; como se houvesse algum motivo para nos envergonharmos d'Ele. Entretanto, apesar de toda mobilização, esforço e boa vontade que despendíamos, não conseguíamos ver bons resultados. Ao evangelizar pessoas, sentia que tínhamos falta do poder do alto, mencionado em Lucas 24.49. Percebendo isso, meu foco mudou. Comecei a buscar o que se tornaria, depois de muitos anos, a verdade revelada a mim.

Aos 14 anos decidi alcançar esse poder do alto, por isso, durante os três anos seguintes, sempre na semana da Páscoa, passava a noite toda no santuário da nossa Igreja, buscando e clamando por esse poder. Morávamos no fundo da Igreja, então, quando todos dormiam, em surdina, eu abria e fechava cuidadosamente várias portas até chegar àquele santuário. Ali, me escondia debaixo do púlpito e clamava pelo poder do alto diante de Deus. Ao amanhecer, antes que meus pais viessem orar às 4:30h, frustrada e desanimada, voltava ao meu quarto, sem fazer barulho, a fim de não ser pega por ninguém. Três anos de decepção.

Quando completei 17 anos, essa busca acabou se esfriando dentro de mim, uma vez que resolvi me preparar para ingressar na Universidade. As dúvidas sobre o que estudar, qual faculdade cursar ou até mesmo se deveria ou não ser missionária ou ter um orfanato para crianças em situação de rua, estavam tomando meu tempo e mente mais do que qualquer outra coisa naquela fase. Todas essas dúvidas permaneceram em mim, e eu não fazia ideia de como Deus transformaria as decisões que eu haveria de tomar naquela época em passos para chegar mais perto d'Ele e do futuro que Ele havia reservado para mim.

Por vocação e paixão, decidi que me tornaria professora de latim e francês. No fim daquele ano, prestei vestibular. Desde menina, sempre fui ensinada sobre o valor e peso da excelência, por isso, nunca me dei a opção de estudar em uma Universidade que não fosse a melhor, o que facilitou a minha decisão sobre pleitear uma vaga na Universidade de São Paulo, mais conhecida como USP. Para a minha surpresa, bem nesse período, o latim e o francês foram retirados do currículo escolar, o que me levou a optar pelo curso de Letras Anglo-Germânicas, ainda que tivesse tido uma base extremamente fraca da língua inglesa nos meus tempos de colégio.

Logo após minha formação como professora, as vagas de emprego que chegavam até mim sempre eram para dar aulas de inglês, justamente a língua em que tinha mais dificuldade na fluência, o que se tornou um empurrão para que eu procurasse uma bolsa de estudos em algum país de língua inglesa. Pouco tempo mais tarde, fui para os Estados Unidos que, maravilhosamente, fez parte do plano arquitetônico de Deus para a minha vida. Não podia imaginar o quanto o inglês e o meu período nos EUA seriam fatores fundamentais para mim, para a vida da Igreja que futuramente eu viria a pastorear e para meus filhos.

Estudei na Azusa Pacific University por dois anos e meio. Além da necessidade de aprimorar o inglês, aproveitei o que, para mim, parecia ser a oportunidade perfeita para continuar minha busca pelo poder do alto que desde muito jovem almejava. Iniciei, portanto, meus estudos em Teologia. Meu coração ardia pelo que estava escrito em Atos 2. Ao buscar ajuda com meus professores, em uníssono, todos disseram que aquele derramar já não existia mais e que aquilo era um relato histórico reservado apenas para aquele momento. Nenhuma daquelas respostas me convenceu. No fundo da minha alma eu sabia que existia algo a mais, e não foram poucas as vezes que tive atritos com eles por assuntos como esse. Decidi continuar procurando, incansavelmente, o poder do alto e a realidade de Atos 2. Durante muitos anos, tive como amigos mais próximos os infinitos livros em que mergulhava para descobrir as questões que rondavam minha mente. Entretanto, apesar dos esforços, estudos e leituras incessantes, não tive sucesso.

No período em que estive naquela universidade americana, três vezes por semana todos os alunos da universidade se reuniam em uma assembleia para um momento devocional obrigatório. Essa reunião era considerada como uma das mais relevantes da programação e havia até um sistema de punição por ausência, o que reforçava ainda mais o peso sobre a sua importância. Lembro-me, como se fosse ontem, especialmente de uma dessas reuniões. O presidente da universidade dispensou todos os alunos logo após a abertura, o que, definitivamente, era suspeito e anormal. E foi naquele dia que algo aconteceu e acendeu meu espírito, me trazendo a certeza de que o que eu buscava era, de fato, real.

Após a oração de abertura, um dos alunos levantou a voz e começou a falar frases ininteligíveis a todos. Imediatamente, o presidente subiu ao palco e, sem saber o que fazer, dispensou todos os alunos. No pátio, os estudantes zombavam daquele rapaz e muitos cochichavam sobre o acontecimento. Eu, porém, fiquei muito curiosa a respeito daquelas frases, pois elas tinham despertado algo além do meu simples interesse; elas tinham me trazido uma sensação boa, diferente e cheia de paz.

Durante o almoço, ao sentar-me à mesa com um amigo, comentei:

— O que será que aquele rapaz falou que me fez sentir tão bem?
— Ele falou a língua dos anjos. — respondeu ele.
— O que é isso? — perguntei espantada.
— É uma língua que, ao falarmos, os céus descem à Terra.
— O quê? Os céus descem à Terra? Ah! Então eu quero ter isso! Você fala essa língua também?
— Eu falava, mas não falo mais. Não é importante! — Devolveu meu amigo.

Apesar da negativa por parte do meu amigo, guardei com cuidado esse desejo em meu coração, sabendo que um dia viria alcançar essa língua. Entretanto, o que eu não sabia era que tudo isso fazia parte da minha eterna busca pelo *poder do alto* e Atos 2.

De volta ao Brasil, apesar do muito que havia estudado, aprendido e descoberto, me sentia decepcionada, pois o *poder do alto*, Atos 2 e a língua dos anjos ainda eram um grande mistério para mim.

Contudo, a boa fluência que adquiri na língua inglesa durante aquele período, me possibilitou, logo de cara, lecionar em escolas, recebendo privilégios e colocações muito acima das minhas próprias expectativas. Profissionalmente, tudo estava indo muito bem, no entanto, pouco depois, passei por uma fase emocional muito problemática com meu noivado rompido, por interferências inesperadas. Essa situação me levou ao desespero de uma forma que nunca havia experimentado antes. Senti como se minha vida estivesse em pedacinhos e eu, na escuridão e solidão, necessitava mais do que nunca ouvir a voz de Deus.

Eu sabia que se ouvisse de Deus que tudo o que tinha acontecido era da Sua vontade, eu me satisfaria verdadeiramente, mas, a princípio, não conseguia ouvir nada, o que fez que meu desespero e dor só aumentassem.

Tranquei-me no meu quarto por três dias e três noites. Sem dormir, sem comer, nem beber, eu busquei, desesperadamente, ouvir a voz de Deus. Não pararia até que Ele falasse comigo. Naqueles dias, abria a Bíblia em Tiago 5.17 e questionava a Deus, dizendo: "Aqui está escrito que Elias era homem semelhante a nós, sujeito aos mesmos sentimentos e o Senhor falava com ele em voz audível! Deus, por favor, fale comigo como o Senhor falava com Elias! Diga-me que esse rompimento de noivado foi da Sua vontade e eu aceitarei!".

Depois do terceiro dia, senti uma voz que vinha do meu interior. Ela era tão real. Quase como se fosse audível, escutei a voz me dizendo que procurasse Lídia, uma amiga minha. Um pouco resistente em obedecer, continuei sentindo essa voz ecoar dentro de mim e me impulsionando para que eu ligasse para ela. Finalmente, telefonei. Após compartilhar minha dor, ela, imediatamente, me disse:

— Há uma senhora que falou muitas coisas para mim e tudo aconteceu. Posso levá-la até ela para que ela ore por você!

— Não! Não quero que me leve à nenhuma adivinha ou cartomante! – respondi veementemente.

— Sarah, ela é pastora e cheia do Espírito Santo! Tudo o que ela fala é pelo Espírito!

— Então, tudo bem! Prometo pensar sobre isso — finalizei um pouco pensativa.

Apesar da conversa com Lídia, o desespero por querer ouvir a voz de Deus só aumentava, o que me levou, após alguns dias, a telefonar novamente para ela:

— Lídia, eu resolvi ir com você até aquela pastora. Se você me assegura que é o Espírito Santo que fala através dela, eu irei.

— Que bom! Mas tem uma igreja que o pastor também fala coisas da vida das pessoas pelo Espírito Santo. E ela fica bem perto da sua casa. Por que você não vai até lá e pede uma oração para ele?

— Vou pensar. — respondi a ela.

Confesso que fiquei curiosa, e, sentindo paz no coração, uni isso a minha sede de ouvir a voz de Deus e resolvi ir até a igreja que Lídia havia comentado.

Era uma tarde de domingo quando entrei naquela igreja pela primeira vez. Logo na entrada, havia uma sala com duas senhoras orando. Tudo indicava que era uma reunião de oração, então me ajoelhei perto delas e comecei a orar também. Em seguida, um homem entrou na sala. Ele impôs uma das mãos sobre a minha cabeça e começou a descrever uma visão que estava tendo:

— Vejo um vaso vazio. Vejo também um pequeno montinho de terra muito fértil. Uma pá está colocando essa terra dentro do vaso e tudo quanto se plantar nesse vaso florescerá!

Aquilo encheu meu coração de alegria de uma forma que eu nunca havia experimentado antes. Senti-me radiante na presença de Deus. Um calor invadiu meu peito como se eu estivesse pegando fogo por dentro. Percebi, enfim, que Deus estava falando comigo. Aquela experiência foi tão forte e sobrenatural que saí daquela casa, mantendo meus pensamentos firmes na certeza de que Deus me amava e não tinha me esquecido.

Ao chegar a minha casa, rapidamente telefonei para Lídia para lhe contar tudo e confirmar a minha presença na casa da pastora que ela havia mencionado em nossa primeira conversa.

A terça-feira seguinte chegou depressa, mas parecia uma eternidade para mim. Lídia e eu fomos para a Vila Prudente, bairro de São Paulo onde aconteciam as reuniões de oração que aquela senhora ministrava. Lá, os participantes compartilhavam diversas profecias cumpridas e milagres fascinantes que vinham acontecendo de forma recorrente; um deles, inclusive, a ressurreição de uma moça. Conforme ouvia os testemunhos ia ficando cada vez mais atônita. Eu via milagres acontecendo pelas mãos dos meus pais, mas aquilo era diferente. Eu estava complemente maravilhada.

Um pouco antes de iniciarmos as orações, sussurrei para Lídia se não deveria contar para aquela senhora sobre meus problemas e dúvidas, entretanto, mesmo de longe, a mulher me ouviu e disse:

— Não precisa me contar. O Espírito Santo vai fazer isso. Se Ele não falar, depois que a reunião terminar, você me conta.

Aquelas palavras me atingiram como um nocaute na boca do estômago. Mas aquilo não me deixou apenas espantada, como também me trouxe a convicção de que realmente o Espírito Santo estava ali.

Ela começou a orar por nós. Uma após a outra, até que chegou a minha vez. Enquanto ela orava também tinha uma visão e a descrevia:

— Vejo um vaso quebrado, todo em cacos. Uma mão vem para colar os cacos. O vaso, então, ficou inteiro. O Senhor diz que vai restaurar a sua vida, e, dentro de poucos dias, uma surpresa vai acontecer. Você falará a língua dos anjos!

Eu não sabia como reagir àquelas palavras. Sentia como se fosse explodir por dentro. Não conseguiria descrever jamais quanta alegria e esperança aquela promessa me trouxe. Naqueles instantes, não tinha a menor dúvida de que era mesmo Deus falando comigo. Aquela dor e até mesmo meu pedido insistente a respeito do poder do alto haviam se dissipado. No entanto, o que eu não sabia era que o que eu estava buscando, desde os 14 anos até aquela hora, vinha em um mesmo pacote.

Dali para frente, meu foco deixou de ser minhas próprias dores e sofrimentos, e passou a ser a expectativa de receber a língua dos anjos, e ver os céus invadirem a Terra. Minhas suspeitas estavam certas: Deus ainda falava hoje. Minha ambição era, a partir daquela data, ouvir mais de Deus. E pela graça d'Ele, ainda que eu não soubesse, aquele era apenas o início da minha jornada de descobertas a respeito da Sua natureza e essência.

CAPÍTULO 4

DEBAIXO DA NUVEM

SARAH HAYASHI

Entrei em um mover de avivamento nos anos 70, 80 e 90, quando se falava muito de unção, nuvem, revelação da Palavra, e sinais e maravilhas, que estavam acontecendo a olho nu em todas as partes do mundo. Com minha sede e fome por mais de Deus, fazia de tudo para correr atrás dessas nuvens. Foi quando conheci *Sister* Miller, uma missionária de 62 anos de idade com quem, milagrosamente, tive o prazer de aprender e a quem passei a acompanhar por diversos lugares onde o avivamento estava borbulhando. Quando esteve no Brasil, tive o privilégio de ser sua intérprete, o que significa que não apenas escutei, como também aprendi e presenciei muitos milagres e revelações inéditas da Bíblia, a respeito das quais até então eu havia apenas ouvido falar.

Através dela pude conhecer grandes homens e mulheres de Deus que estavam não só buscando, mas também se movendo naquilo de que eu estava tão sedenta e buscava tão desejosamente encontrar. Nessas décadas, aprendi riquezas preciosas andando e convivendo com esses servos de Deus.

Com manifestações sobrenaturais, ensinamentos que me magnetizavam e a presença de Deus quase palpável, cada vez mais eu me submergia nessa atmosfera da glória de Deus.

Entretanto, eu me lembro bem de que, quando estava em minha busca implacável pela nuvem de Deus, na época, eu nem sabia que era isso que eu

> Uma vez que experimentamos algo sobrenatural e entramos profundamente na densa nuvem, que é a presença da Trindade Divina, é difícil nos satisfazermos com algo inferior.

procurava. Eu lia a Bíblia o tempo todo, fazendo até mesmo planos anuais de leitura. Mesmo assim, posso dizer com espanto que eu jamais havia percebido os versículos sobre os dons e o batismo no Espírito Santo; eu simplesmente não os enxergava, como se os olhos do meu coração estivessem cegos enquanto estudava a Bíblia, mesmo depois de tantos anos. Recém-formada em teologia, amando a Bíblia por toda a vida, lendo-a diariamente, ainda olhava para esses versículos como se fosse a primeira vez. É surpreendente como a letra em si não produz vida. Se o Espírito Santo não nos revelar as verdades, a Bíblia não passa de um maravilhoso livro de fatos e relatos históricos. Certas palavras eram apenas palavras que não me levavam às profundezas de Deus, e mesmo que eu as desejasse, o significado divino ou espiritual não vinha ao meu espírito. No entanto, depois de ter tido um encontro com o Espírito Santo, quando lia esses versículos, era como se eles saltassem aos meus olhos e enchessem meu coração com vida, esperança e fé. A palavra de Deus é realmente viva.

Uma vez que experimentamos algo sobrenatural e entramos profundamente na densa nuvem, que é a presença da Trindade Divina, é difícil nos satisfazermos com algo inferior. Entretanto, vale lembrar que o segredo da fome e sede espirituais é sempre uma consciência de que existe um infinito a mais que ainda não conhecemos. O meu convite é para que você mergulhe nessa nuvem também. Creia que ela o guiará de dia, mesmo nas horas de otimismo. Não fique "mal-acostumado" por sempre tê-la por perto, mas bem-acostumado a ponto de jamais querer sair de debaixo dela. Em inglês há duas expressões que usaria neste momento: "*Don't take it for granted!*" e "*Don't feel entitled!*", que exprimem a importância de não banalizarmos ou nos sentirmos merecedores da graça de Deus, afinal, é uma graça. Não merecemos nada, mas recebemos tudo por causa da bondade de Deus.

COMO MANTER-SE FAMINTO E SEDENTO POR DEUS?

Se eu pudesse dar um conselho, diria que andar com pessoas famintas, sedentas e que não se conformam com pouco é a melhor maneira de ser instigado a viver da mesma forma. Como digo frequentemente: "O bom é o maior inimigo do ótimo, assim como o ótimo é o maior inimigo do excelente". Prossiga até o excelente e jamais pare de persegui-lo. O Espírito de Deus é o espírito da excelência (Daniel 5.12).

Não se descuide do teu tempo de qualidade com Deus e Sua Palavra. Reserve parte do teu dia para a solitude, para momentos de adoração e louvor, para praticar atos generosos, e orar pelas pessoas. Somos chamados a trazer os céus para a terra. No entanto, para que isso aconteça, precisamos estar alinhados debaixo dessa nuvem, nos submetendo à vontade e aos mandamentos d'Aquele que é quem nos comissiona a fazer tudo isso.

É interessante percebermos também que, ao longo dos anos, as pessoas que param de andar debaixo e com a nuvem, acabam perseguindo os que persistem, considerando-os hereges, rebeldes, ingratos e até mesmo orgulhosos. Um exemplo claro dessa afirmação são os fariseus da época de Cristo. Como, infelizmente, não compreenderam que Jesus era o Messias, o Ungido prometido de Deus, o perseguiram a ponto de matá-Lo. Obviamente Sua morte já era planejada, afinal, Ele era o Cordeiro sacrificial que tiraria o pecado do mundo; entretanto, os olhos de muitos judeus não foram abertos devido à incredulidade e orgulho, tão naturais ao ser humano desde que o pecado original veio a corromper o espírito e o coração da posteridade de Adão e Eva.

O pecado original distorceu a imagem de Deus em nós, porém o Espírito Santo ainda está operando em nosso interior a transformação à semelhança de Cristo Jesus. Assim como os fariseus, muitos cristãos se detêm na primeira parte do *sozo*, isto é, na justificação. *Sozo* é uma palavra que, em grego, significa salvação e consiste em três partes: justificação, santificação e glorificação. Como fariseus, muitos se satisfazem apenas com chuviscos ou pingos temporários dessa nuvem de glória. A nuvem, porém, quanto mais densa e grande, mais chuvas traz. Lembremos que o profeta Elias esteve por um bom tempo, gerando a nuvem, como uma grávida que, com seu marido, concebe um ser humano, se cuidando e esperando ansiosamente pelo nascimento de seu filho.

Quantos séculos haviam se passado desde que Deus preparou o Seu povo, ensinando a importância de sacrifícios com sangue, do significado profundo que apontava para Jesus, o Cordeiro de Deus que resolveria de uma vez por todas a questão do perdão pelo pecado original, as iniquidades e transgressões de cada ser humano. Tudo por amor.

A tendência de muitas pessoas, como aconteceu com os fariseus, é se incomodar com o desconhecido e se sentir confortável com o que é familiar ou costumeiro. De certa forma, o costumeiro lhes traz segurança, mas não o progresso, a novidade e abundância de vida, como Jesus Cristo desejou.

Mesmo os discípulos de Martinho Lutero, conforme relatos, que não entenderam o mover da nuvem que trouxera o entendimento de tantos pontos a respeito da fé cristã, passaram a perseguir os que se moviam. Esses homens e mulheres eram julgados como hereges, bruxos, diabólicos, desequilibrados e arrogantes.

Assim também é até hoje, as pessoas que não entendem o mover da nuvem, ficam sem participar das novidades de Deus. É impressionante como a mente humana pode ser brilhante e ao mesmo tempo terrível. Por isso é importante derrubarmos as fortalezas que se levantam contra o pleno conhecimento de Jesus Cristo, caso contrário, faremos o mesmo (2 Coríntios 10.4-5).

Além disso, os que permanecem na escassez, desenvolvem cada vez mais um coração duro, perdendo a alegria e o apetite espiritual. Um dos indícios de saúde é a fome e a satisfação. Realmente, o Reino de Deus é justiça, paz e alegria, o que só nos confirma que quem se perfuma com a presença de Deus está constantemente experimentando essas três coisas, independentemente dos tumultos que o rodeia.

Jamais permaneça satisfeito com o que já alcançou em Deus. Ele sempre tem mais para nos oferecer, afinal Ele é infinito e eterno. Essa busca por mais de Deus, sempre mantendo um coração ensinável e aberto às novidades d'Ele, pode ser conquistado através de uma vida embasada sempre na verdade, respaldada pela leitura afetuosa da Palavra e dependência do Espírito Santo.

Em Apocalipse, João também nos revela uma receita importante não só para vencer tentações ou desânimo, mas também para nos manter firmes durante a caminhada.

"Eles, pois, o venceram pelo sangue do Cordeiro e por causa da palavra do testemunho que deram e, mesmo em face da morte, não amaram a própria vida." (Apocalipse 12.11)

Às vezes percebo o quanto muitos cristãos se esquecem do valor do sangue do Cordeiro. Ele é tão poderoso, e não só para nos purificar dos pecados, mas para nos dar vitórias sobre o pecado e o diabo. Quanto mais vitórias, mais o cristão tem testemunhos para compartilhar.

Acima de tudo, porém, como já mencionado, o principal meio para se manter ainda mais focado em Deus e dentro da nuvem é priorizando uma vida de adoração e comunhão íntima com o Deus Triúno. Deus, como Pai, que nos dá a identidade, segurança e proteção; Deus Filho, Jesus Cristo, como nosso redentor e irmão mais velho, nos oferece a companhia de um irmão e amigo; e Deus Espírito Santo, conselheiro e consolador, nos leva às minúcias das riquezas divinais de modo tão cuidadoso, como o de uma mãe. Nossa intimidade com esse maravilhoso Deus nos guardam de perdas e roubos e nos levam ainda mais para dentro do coração do nosso Senhor Deus. Isso é permanecer na nuvem.

CAPÍTULO 5

EXPLICAÇÃO

SARAH HAYASHI

Logo após a primeira vez que participei, com minha amiga Lídia, daquela reunião de oração na Vila Prudente, passei a frequentar assiduamente todos os encontros. No entanto, ali, eles apenas oravam, não abriam a Bíblia e nem explicavam nada, o que começou a gerar um sentimento de confusão em mim. Sentia-me sem direção e perdida pela falta de conhecimento e aprofundamento bíblico, apesar do grande prazer que desfrutava em cada uma daquelas reuniões.

Decidi visitar a igreja daquele pastor que havia orado por mim antes mesmo da irmã Zulmira Vilcinskas, a senhora profetisa que Lídia havia me apresentado, mas lá também não havia nenhum estudo bíblico. Mesmo assim, continuei frequentando, pois encontrava nesses lugares a liberdade de falar em línguas, uma vez que havia sido batizada, além de poder ouvir e receber profecias. Apesar disso, conforme o tempo passava, a falta de embasamento me incomodava de forma cada vez mais perturbadora.

Contudo, em uma dessas reuniões de oração na casa da irmã Zulmira, tivemos a presença de uma convidada americana. E foi assim que conheci *Sister* Miller. Ela era uma senhora animada, sorridente e cheia do Espírito Santo. Logo de cara fiquei bastante impressionada com ela, e quando conversamos pela primeira vez, ela ficou muito feliz de finalmente encontrar alguém que se comunicasse em inglês. A partir dali ela passou a me explicar uma porção de coisas da Bíblia que eram tão novas para mim que, a cada revelação ou estudo que ela me passava me sentia como uma criança abrindo um presente. Na primeira vez que a vi, ela me explicou sobre as festas de Israel. Aquilo era totalmente inédito e encantador para mim. Meu entusiasmo era tão profundo que perguntei se ela poderia repetir tudo de novo da próxima vez que nos encontrássemos, pois gostaria de gravar. No dia seguinte nos encontramos: *Sister* Miller, meu gravadorzinho, algumas fitas k-7, minha Bíblia e eu. Por horas fiquei apenas absorvendo aquelas palavras sem conseguir esboçar palavras que traduzissem tão bem os sentimentos que eu tinha durante aquele estudo. Lembro-me de que logo depois que cheguei em casa, transcrevi todo o material que havia recebido, tamanho era o cuidado com o tesouro que havia encontrado.

Apesar de baixa estatura, *Sister* Miller era daquelas mulheres que inspiravam respeito e honra. Ela viajava muito para pregar, principalmente no continente africano. Todas as vezes que vinha para São Paulo, ela pregava em muitas igrejas, inclusive a do casal Vilcinskas, que sempre havia se desdobrado para encontrar um intérprete a cada vez que ela os visitava. Quando nos conhecemos foi uma alegria mútua: deles por terem, finalmente, encontrado uma intérprete para *Sister* Miller e minha por, mais uma vez, poder ver as mãos soberanas de Deus em cada passo da minha vida.

Paralelamente, em minha igreja local, Deus continuava fazendo grandes coisas, mas eu não sabia como explicar aos meus liderados o que estava, de fato, acontecendo. O estudo que tinha recebido de *Sister Miller* fora maravilhoso, mas ainda não era a explicação de que eu precisava. Eu necessitava de alguma base e não sabia como e nem onde buscá-la. Então, lá estava eu, novamente, dependente de algum milagre e de portas abertas por Deus, mas eu sabia que Ele não ia falhar.

Pouco tempo depois, o marido da irmã Zulmira foi convidado para uma conferência na igreja da *Sister Miller* sob uma condição: ele deveria trazer seu próprio intérprete. Quando a irmã Zulmira conversou comigo, de cara ela me disse que havia tido uma visão comigo e que eu deveria ser a intérprete. Em sua visão, eu estava com seu marido e mais algumas pessoas nos Estados Unidos, e apesar de saber que aquilo era praticamente impossível de se tornar realidade, já que não tinha recursos para voltar aos EUA naquela época, recebi a palavra confiando que, se ela fosse de Deus, Ele iria prover os recursos de alguma forma.

Naquela mesma semana, a escola em que eu havia lecionado antes de ir para os Estados Unidos, me chamou para fazer a rescisão de contrato. Para a minha surpresa, o dinheiro que recebi dessa rescisão, era exatamente o preço da passagem de ida e volta para os EUA. Aquilo serviu como uma confirmação da parte de Deus para mim e tive a certeza no coração de que estava fazendo a vontade d'Ele.

Nosso plano era ficarmos apenas cinco dias na igreja da *Sister* Miller. O que, obviamente, não funcionou. Quando chegamos, de cara entrei no santuário. A presença de Deus era tão forte que todo o meu corpo ficou eletrizado. Imediatamente fui cheia com uma paz enorme e uma certeza de que ali entenderia biblicamente o que estava acontecendo comigo.

Fiquei espantada e, ao mesmo tempo, exultante, quando, no primeiro culto, vi que as pessoas cantavam em línguas em voz alta, enquanto outras dançavam pelo templo. Algumas faziam as duas coisas ao mesmo tempo. "Não estou louca!" — Pensei — "Aqui eles fazem o mesmo que faço sozinha todos os dias a portas fechadas no meu quarto! Com certeza aqui eles conseguirão me explicar o que aconteceu comigo no batismo do Espírito Santo".

Durante a conferência, um profeta me convidou para subir no altar e chamou alguns ministros para orarem por mim. Ninguém sabia quem eu era ou o motivo de eu estar ali, nem mesmo eu compreendia a razão daquilo. "Você é escolhida de Deus! Você imporá as mãos em crianças, jovens, adultos e idosos e eles serão batizados com o Espírito Santo. Você também irá ao Japão e levará avivamento. Você não veio aqui por acaso".

Apesar da minha euforia ao receber aquelas palavras, mal sabia o profeta que muitas dessas coisas já estavam acontecendo comigo no Brasil e que continuariam acontecendo na minha vida. Após a conferência, enquanto fazia as malas para voltar ao Brasil, *Sister* Miller me disse que eu não deveria sair de lá nem um dia antes, nem um dia depois daquele que Deus ordenasse. Outra surpresa. Decidi permanecer ali e continuei clamando a Deus para que sanasse todas as dúvidas e questionamentos que ocupavam minha alma 24 horas por dia. Fiquei nos EUA por mais cinco semanas. Aprendi muitas coisas a respeito do batismo com o Espírito Santo, e quando alguma dúvida invadia minha mente, não receava em perguntar. Foi um tempo providencial de Deus para mim e minhas muitas questões.

Certa ocasião, passeando por uma rua perto da igreja, bati o olho na vitrine de uma livraria cristã, e vi o livro *Set My Spirit Free* [Torne meu espírito livre; tradução livre], de Robert Frost. No mesmo instante pensei: "Será que o poeta Robert Frost se converteu?". Comprei o livro e comecei a lê-lo. O nome era apenas uma coincidência, entretanto, o seu conteúdo foi o que completou tudo que eu queria e precisava saber, naquele momento, sobre o Espírito Santo e o mover sobrenatural de Deus. Ainda hoje usufruo do material de Robert Frost. Através desse livro pude entender a dinâmica que existe entre o espírito, a alma e o corpo. Compreendi também como podemos interagir melhor com a pessoa amiga do Espírito Santo, que nos aconselha, instrui e revela os tesouros escondidos nas Escrituras.

A FÍSICA QUÂNTICA E O DESCONFORTO

A sociedade está mudando o tempo todo. Estamos no século XXI, na era pós-moderna, e muitas coisas tem se tornado bem diferentes do que eram há poucos anos. De forma cada vez mais brutal temos visto o quanto tem sido difícil manter os princípios bíblicos no contexto atual. As aspirações mudaram, o modo de pensar também. A corrupção tem sido encarada de maneira diferente pelas pessoas; a persistência não existe mais; ser esperto e cortar caminho é melhor, sem contar que em nome da luta pela igualdade de gênero, muitas mulheres têm preferido abandonar seus papéis de mães e esposas para viverem de forma independente. Como as coisas mudaram! Acredito que, principalmente, na época em que estamos, o desafio de todos os cristãos seja viver nessa época, mas não se conformar com o mundo, sempre trazendo as verdades bíblicas para cada situação. Isso é, não só continuar debaixo da nuvem, como também correr atrás dela.

É importante entendermos que nada no Reino de Deus fica parado, o que quer dizer que se queremos participar e fazer a diferença precisamos correr atrás do mover da nuvem. Sim, os princípios de Deus são atemporais e imutáveis, ou seja, eles são verdades que nunca mudam, mas o Reino de Deus sempre está em movimento. Ele sempre está avançando e conquistando territórios, mentes e corações. Ele não é estático. E é exatamente isso que Isaías ilustra em seu livro:

"Eis que faço coisa nova, que está saindo à luz; porventura, não o percebeis? Eis que porei um caminho no deserto e rios, no ermo." (Isaías 43.19)

Ou seja, o tempo todo Deus está criando coisas novas. Sempre existe uma novidade no Reino. Ele está sempre em progresso, em andamento, avançando.

A física quântica nos explica um pouco como funciona essa dinâmica em relação ao mundo em que vivemos. De acordo com ela, nada está efetivamente parado. Constantemente, os átomos, subátomos e ondas estão em movimento, e, se uma gotícula de água ou um átomo presente nessa gotícula não para, imagine o nosso corpo que tem 70% de água em sua composição. Estamos o tempo todo nos movimentando, ainda que não percebamos. A nossa voz, cantada ou falada, se espalha pelo ar em forma de ondas. Da mesma maneira aquilo que fazemos impacta a atmosfera, o clima e tantas outras esferas. Ou seja, se estamos cantando e a fé é ativada, por exemplo, entendemos que estamos fazendo diferença nos ares do Brasil. Ou pelo menos deveríamos. Quando entendemos a profundidade dessa verdade e moldamos nossa mentalidade, começamos a ter uma dimensão maior do quanto a nossa movimentação tem uma influência direta nas mudanças que acontecerão ou não no mundo em que estamos.

Com isso, é de extrema urgência entendermos que, se em tudo o que conhecemos existe movimento e troca, como por exemplo, nas células do corpo humano, que nascem e morrem constantemente, muito mais no Reino de Deus, o que nos leva a concluir que em nossa vida espiritual também precisa haver movimento. É necessário estar, frequentemente, acompanhando a nuvem, investindo em intimidade com o nosso Deus, por intermédio da leitura da Palavra, da oração e do jejum. Não podemos nos acomodar e achar que o nível em que estamos é o suficiente. Continuamente, precisamos sair da nossa zona de conforto e nos desafiar. O desconforto é necessário para que haja crescimento.

Em Filipenses 3.12-14, Paulo nos ensina:

> "**Não que já a tenha alcançado**, ou que seja perfeito; **mas prossigo para alcançar** aquilo para o que fui também preso por Cristo Jesus. Irmãos, quanto a mim, não julgo que o haja alcançado; mas uma coisa faço, e é que, esquecendo-me das coisas que atrás ficam, e avançando para as que estão diante de mim, prossigo para o alvo, pelo prêmio da soberana vocação de Deus em Cristo Jesus." *(Almeida Revista e Corrigida;* grifos da autora*)*

Assim como Paulo, Jesus também nos instrui a respeito da renovação. Quando ele fala sobre o odre velho e o odre novo é a isso que está se referindo. O odre, uma espécie de saco que servia para transportar líquidos, era feito de pele de animal. Depois de determinado tempo de utilização, o couro desse odre ficava esturricado, então para que ele pudesse ser renovado e utilizado de novo, era necessário que fosse mergulhado em óleo durante a noite e pela manhã fosse massageado. Não apenas isso, mas também, na noite seguinte, que o mergulho fosse feito na água e pela manhã viesse acompanhado de massagem novamente. O óleo é o Espírito Santo e a água é a Palavra. O tempo todo precisamos ser renovados, estar caminhando e avançando, sendo lavados pelo óleo e pela água. Só assim nos manteremos debaixo da nuvem de glória.

CAPÍTULO 6

MEUS PRIMEIROS PASSOS RUMO À NUVEM

TEÓFILO HAYASHI

Sempre tive em mim que o teto da minha mãe seria o meu chão, o meu ponto de partida, assim como ela fez com meu avô. Tudo que ela passou, toda a incansável busca por mais do Espírito Santo, as perseguições que sofreu, as barreiras que quebrou, e todo o imensurável preço que ela pagou pelo mover de Deus, já faziam parte do meu "DNA" desde que eu era pequeno. Apenas porque ela desbravou corajosamente as florestas da ignorância, da incredulidade e da religiosidade, eu pude iniciar minha jornada espiritual em um lugar de maior liberdade e entendimento. Entretanto, apesar de tudo isso, como Deus costuma fazer, eu também precisei encontrar e trilhar o meu próprio caminho com Ele.

Desde que era criança sempre fui exposto a uma realidade bem diferente da que minha mãe e avó enfrentaram na infância, ainda que ambas tivessem sido cristãs. Curas, sinais, maravilhas e orações em língua, nunca foram novidade para mim, na verdade, eram coisas que faziam parte do meu cotidiano, tanto dentro como fora da igreja. Ainda criança, vi minha perna esquerda, que era menor e defeituosa desde que nasci, crescer diante dos meus olhos. Foi como uma cena de filme: minha perna simplesmente esticou e se igualou a outra, bem diante dos meus olhos, para não alimentar dúvidas. Vi orelhas brotarem em rostos humanos onde havia apenas buracos nas laterais da cabeça, além de outros incontáveis milagres difíceis de acreditar. E foi ali, em uma dessas Conferências de Milagres que tive a minha primeira experiência real com Deus, de maneira que não podia mais duvidar que, de fato, eu servia a um Deus que detém todo o poder.

Por toda a minha infância e adolescência andei com o Senhor. Tive também minhas fases de rebeldia e quedas no meio da caminhada, mas, basicamente, entre cinco e 18 anos minha vida se resumia a jogar bola o máximo que conseguisse, fazer as tarefas de casa e servir a Deus de todas as formas que eu encontrasse: desde montar bandas de *rock* e *rap*, até liderar os adolescentes da minha igreja local.

Quando fui para a universidade, decidi não apenas morar sozinho como também cursar nos EUA, o que era quase como começar do zero, já que ali eu não precisava mais ser o filho da doutora Sarah ou o líder de jovens; eu podia apenas construir minha própria história pessoal com Deus ou cair no mundo, se assim quisesse também. Escolhi a segunda opção. Talvez essa seja uma das razões pelo qual o meu coração arde tanto por universitários. Essa fase é um dos momentos mais decisivos na vida de uma pessoa, em que, provavelmente, decidirá o caminho que irá percorrer pelo resto da vida. As ofertas do mundo parecem tão mais atraentes e reais do que as de Deus. Mas se os universitários encontrassem o que eu estava prestes a encontrar, esse cenário mudaria para sempre.

Era fim de ano e eu estava em uma festa em um bar nos EUA. Enquanto bebia, só para alimentar o estado alcóolico em que eu já me encontrava, olhei meu reflexo no balcão e ouvi a voz de Deus me chamando de volta. Eu sabia que era Ele e, mesmo sem entender nada, meu coração começou a acelerar e arder, ao mesmo tempo. Imediatamente eu estava sóbrio. Naquele dia entreguei minha vida para Ele novamente. O que senti é um pouco difícil de explicar. Eu me sentia perdido, mas uma paz de outro mundo preenchia meu coração. Era quase como se Ele dissesse que tudo ia ficar bem. No mesmo instante, comecei a me lembrar de uma amiga minha que não via há anos. Mesmo sem entender muito bem, virei para um amigo no bar e perguntei:

— Cara, você sabe por onde anda a Raquel?

— Acho que ela está fazendo a escola da JOCUM [Jovens com uma missão], no Havaí. Por quê? — respondeu ele.

— Nada não.

Aquilo era tudo. Voltei para casa, tranquei minha faculdade, me inscrevi na JOCUM e fui para o Havaí, sem ter a menor ideia do que me esperava.

Cheguei a Kona, uma belíssima cidade do Havaí, para cumprir, "com sofrimento", o chamado que Jesus me havia feito. No período da manhã, frequentava as aulas e à tarde aproveitava as praias. Tudo estava caminhando perfeitamente bem e dentro da normalidade, até que, em uma manhã de 2001, o Espírito Santo me encontrou de forma contundente. Em um apelo simples sobre aceitar o chamado de Deus, meu coração se encheu de convicção e amor. Corri para o altar, me ajoelhei e chorei. Chorei com força. Até que consegui dizer algumas poucas palavras:

— Deus, lembro que minha mãe me falava que eu era escolhido! Eu lembro daqueles pastores que visitavam minha igreja e profetizavam sobre mim! Lembro de tudo o mais o que o Senhor já me disse e sei que eu tenho um chamado. Deus, hoje eu digo que O aceito! Eu entro de cabeça nisso!

No mesmo ano fui para um encontro em que o missionário Dan Duke também estaria. Era impressionante como aquele senhor carregava unção. Apesar dos três ou quatro mil jovens presentes, em determinado momento do culto, ele me chamou para a frente, sinalizando que queria orar comigo. Não sei por quanto tempo fiquei ali, sendo tocado pelo Espírito Santo, mas certo tempo depois, Dan começou a profetizar sobre mim. Ele impôs as mãos e clamou: "Deus, eu peço que o Senhor coloque fogo nele. Queime-o da cabeça aos pés". Nada foi igual depois daquele dia.

Dois meses se passaram e coisas estranhas começaram a acontecer. Eu me trancava no quarto, colocava os CD's que havia comprado naquele congresso e, então, não sabia o que fazer. Naquela época eu nem sabia o que era *soaking*, mas ainda assim, em muitos momentos, eu não conseguia fazer nada além de absorver a presença de Deus. Algo queimava tão descontroladamente dentro de mim que, às vezes, eu berrava, outras pulava e algumas outras eu chorava; minha fome era tão grande que cheguei a ponto de bater a cabeça na parede e gritar: "Deus, eu quero mais de Ti! Deus, eu quero mais de Ti!".

Uma verdade que aprendi andando e observando mais de perto homens de Deus é que se você quer a unção, você deve servir a unção. Depois de ter viajado parte do mundo como missionário, pela JOCUM, decidi servir um homem de Deus nos EUA, o doutor Kingsley Fletcher. Ele é um profeta de Deus que viaja pelo mundo todo com um ministério muito influente e cheio do Espírito Santo. Demorei um pouco para me acostumar com a abordagem que ele fazia ao pregar. Ele trazia o RG das pessoas, dizia palavras proféticas e dava conselhos logo em seguida. Por uma conexão soberana de Deus, através de minha mãe, ele se tornaria meu mentor e discipulador pelos próximos cinco anos, e até hoje o considero meu pai espiritual.

Durante esses anos, passei por muitas fases em que me questionava se realmente estava na hora e lugar certos. Com certeza, nesse período, vi muito do meu ego e autojustiça darem espaço para uma confiança na soberania de Deus. Mas sempre que passava por um processo difícil, uma voz dentro de mim me relembrava:

"Você quer unção? Sirva a esse homem; sirva a unção; pague o preço". E foi assim que o Espírito Santo me ensinou, aos poucos, a colocar genuinamente os olhos n'Ele somente.

Eu estava tão firme e realizado por saber que estava fazendo exatamente o que tinha que fazer, mas a verdade é que no fundo eu sabia que aquilo tudo que eu estava vivendo era difícil de ser considerado normal, ou minimamente aceitável, pelas pessoas que conviveram comigo. Meus amigos da faculdade falavam que eu estava maluco, diagnóstico com o qual meus colegas de escola do Brasil concordavam plenamente. Até alguns familiares meus não concordavam com o caminho que havia escolhido. O que dava sentido a tudo aquilo era olhar firmemente para o meu chamado e, principalmente, me recordar constantemente d'Aquela voz que eu havia escutado. Ela me dava uma certeza interior que pessimismo, comentário ou palavra negativa alguma poderia contrariar.

No quarto ano em que estava servindo meu pai espiritual, em uma quarta-feira de estudo bíblico, ele me contou que havia recebido um telefonema de uma pessoa chamada Todd Bentley, que viria pregar na cidade. Então ele me disse: "Você vai ver um jovem um pouquinho mais velho do que você; Deus está usando muito esse rapaz ao redor do mundo. Ele tem um fogo dentro dele que você não vai acreditar". Quando chegou o dia da ministração, assim que o vi entrando no templo, tive a mesma sensação de quando havia visto Dan Duke pela primeira vez. A unção que saía daquele rapaz era algo tão forte e poderoso que, ao final da pregação, assim que o apelo foi feito, saí correndo freneticamente e me dirigi a ele:

— Coloque as mãos na minha cabeça!

Entretanto, ao colocar as mãos sobre mim, nada sobrenatural ou inovador saiu de sua boca. Ele apenas orou:

— Mais, Deus, mais fome para o Teu filho. Encha-o com Teu Espírito.

Só. Apenas isso. E partiu para o próximo. Permaneci no mesmo lugar e ouvi a profecia de um amigo que estava ao meu lado. Para ele, Todd profetizou coisas incríveis e maravilhosas. Confesso que naquele momento tive um pouco de ciúme santo, mas a verdade é que tudo que eu precisava, naquele momento, era de mais fome.

> Eu não estava fazendo nada demais. Não paguei nenhum preço ou fui mais espiritual do as outras pessoas que eu conhecia. Eu estava apenas recebendo isso.

Entendi que quando eu instigasse minha fome, ela me levaria para o altar que eu construiria para Ele.

Tudo que eu precisava, e ainda preciso para me manter fresco, era de mais fome. Hoje, mantenho firme minha posição, quando prego e aconselho jovens digo a eles que tudo de que precisamos é ter fome de Deus. Essa fome nos levará a uma busca insaciável que, por fim, certamente, nos levará à presença de Deus e à profundidade dos Seus mistérios. Ali, nossa vida é completamente arruinada e refeita; encontramos nosso chamado e, ao mesmo tempo, toda a capacitação para cumpri-lo.

Nos quatro meses seguintes, eu não conseguia dormir se não tivesse orado por quatro ou cinco horas em línguas. Eu tentava parar, mas minha boca não se dava por vencida. Mesmo preocupado com o dia seguinte, lotado de tarefas para fazer, nada parecia mudar. Eu, simplesmente, não conseguia parar. Durante o dia, algumas vezes pegava o meu carro e tinha que parar no acostamento por não conseguir mais dirigir, tamanha era a presença de Deus e o choro que tomavam conta de mim. Eu não estava fazendo nada demais. Não paguei nenhum preço ou fui mais espiritual do as outras pessoas que eu conhecia. Eu estava apenas recebendo isso. Foi então que percebi que a fome por Deus também é um dom que vem d'Ele.

Essa fome específica de quatro meses de anseio incessante pela presença de Deus, foi parte importante da minha busca pelo mover no sobrenatural, com curas, milagres, palavras de conhecimento e profecias. Até os dias de hoje, olho para trás e vejo como foi vital receber essa fome dos céus para coisas maiores, me instigando sempre a buscar a presença de Deus, acima de todas as coisas.

Quando a Palavra de Deus diz, em Provérbios, que o povo sem profecia perece, é porque estamos totalmente à mercê de Deus para receber visão profética e fome para perseguirmos essa visão. Estamos completamente sob a dependência d'Ele para termos mais fome como indivíduos e como geração.

Em 2008 voltei ao Brasil, para colocar em movimento o sonho que há anos Deus havia colocado em meu coração: o Dunamis. Desde novo, sonhei muito com jovens pegando fogo por Jesus e mudando a sociedade em suas esferas de atuação. Sonhei com universidades recebendo focos de avivamento por todo o Brasil e se rendendo soberanamente aos pés de Jesus. Hoje, posso dizer que, pela graça de Deus, estou começando a ver os sonhos que Ele colocou dentro de mim se tornando realidade. Vejo Deus levantando jovens apóstolos, profetas, evangelistas, mestres e pastores que irão chacoalhar esse mundo. Vejo igrejas derrubando orgulhos e placas para se unirem em um propósito, como um só Corpo. Vejo universidades, antes céticas, abrindo seus anfiteatros para reuniões de avivamento. Vejo profissionais de diferentes áreas levando o Reino de Deus para suas próprias esferas de influência. Mas, principalmente, vejo a sede dos filhos e filhas de Deus se tornando um clamor que, certamente, resultará numa tempestade da glória de Deus. Já vejo as primeiras gotas, mas estou ansioso pela chuva que virá. É interessante perceber que, assim como aconteceu na história da igreja, avivamento e mover nos trouxe até o derramar que experimentamos hoje. Olhando para trás, noto que cada encontro com Deus desde a minha infância até hoje, cada dificuldade ou tratamento trouxeram-me para onde estou agora e irão conduzir-me para o lugar aonde Deus me quer. Nem sempre conseguimos ver sentido nas coisas que passamos ou vivemos, mas quando seus atos e decisões são feitas por um coração cheio de fome e amor por Deus, nada é perdido.

Quando retornei ao Brasil, muitas pessoas me perguntaram o que, afinal, eu tinha feito nos últimos sete anos entre a JOCUM e a minha volta. Minha resposta era que esse período tinha sido meu tempo de preparação. Mesmo que, muitas vezes, não percebesse que estava nesse processo, creio que seria impossível manifestar o que Deus estava me chamando para fazer, sem o preparo a que fui submetido. Durante aquela época, eu orava e jejuava mais que nunca. Corri ainda mais atrás de treinamento, formal e heterodoxo. Servi minha igreja local, meu pai espiritual e seu ministério, como se fosse o meu próprio. E quanto mais fazia isso, mais consciente eu ficava de duas coisas:

1. O tempo passava, mas a convicção, paixão e fé para executar a visão continuaram crescendo dentro de mim.

2. Quanto mais eu aprendia, mais eu percebia que nunca estaria pronto para executar meu chamado. No final das contas, não importava quantos treinamentos ou experiências eu tinha, eu viveria o meu chamado apenas pela graça de Deus.

CAPÍTULO 7
A PRESENÇA MANIFESTA E A ONIPRESENÇA

TEÓFILO HAYASHI

Já faz alguns anos que tenho viajado ao redor do Brasil e do mundo e, se existe um consenso nas conversas que tenho tido com homens e mulheres de Deus, que estão servindo o Corpo de Cristo, é o fato de que nunca, de trinta anos para cá, vimos com tanta intensidade e frequência a manifestação do sobrenatural em nossa vida e igrejas. São inúmeras as curas, teofanias, sinais e maravilhas que o Espírito Santo tem realizado por todo o planeta.

Dentro disso, comecei a meditar muito sobre a diferença entre a onipresença e a presença manifesta de Deus. O prefixo oni significa todo, e presença é o que já conhecemos como definição, o que nos revela que um dos atributos de Deus é estar, o tempo todo, em todos os lugares e ao mesmo tempo. Inclusive, é válido lembrar que não são poucas as vezes que, ao longo das Escrituras, Deus promete estar sempre conosco e nunca nos abandonar.

O texto de Hebreus 13.5 é um exemplo claro disso. Entretanto, se Ele é onipresente, por que clamamos por mais da Sua presença?

Porque existe uma diferença entre a onipresença, como fruto da natureza de Deus, e a presença manifesta. A verdade é que Ele é onipresente e isso não muda nem depende de nossas experiências. Alguém pode ter 88 anos de idade, estar em seu leito de morte e nunca ter acreditado que Deus exista ou esteve o tempo todo perto dele. Mas, em seu leito de morte, esse alguém ouve o

Evangelho e decide aceitar o sacrifício de Cristo. Então, no quarto de hospital, bem naquele momento, a pessoa sente a presença do Espírito Santo pela primeira vez. O que está acontecendo? Deus sempre esteve presente, independentemente da experiência de viver 88 anos sem acreditar em Sua onipresença. Isso não anula o fato de que Ele sempre foi presente. A diferença é que agora a presença manifesta de Deus entrou no quarto de hospital e aquilo, que era apenas uma verdade sem experiência, passa a ser uma verdade com experiência. Isso é experimentar a presença manifesta. A onipresença é um conhecimento teológico, mas a presença manifesta é um conhecimento experimental, sensorial.

Em alguns momentos saber que Deus é onipresente não é o suficiente. Precisamos de encontros com Sua presença manifesta. E foi o que aconteceu, especialmente, em Atos 2. Ali, 120 discípulos estavam com uma só mente, uma só voz e clamor, quando, de repente, ouviram um som (sensorial) e um vento impetuoso encheu o aposento (sensorial outra vez).

No Antigo Testamento, essa presença manifesta tinha um nome: *Shekinah*. No hebraico essa palavra é traduzida como "Deus habitando ou fazendo morada com eles". Por toda a Bíblia podemos ver a *Shekinah* de Deus em um formato que nós conhecemos como sendo a Nuvem de Glória. Na vida de Moisés, no Templo de Salomão, com Jesus no monte da Transfiguração e na ascensão d'Este, logo após a declaração da Grande

Comissão, percebemos a presença da nuvem de glória. Muitos teólogos dizem que em Atos 2 o vento impetuoso era também a nuvem de glória.

Ao longo da história da Igreja são inúmeras as ocasiões em que nuvens de glória se manifestaram, principalmente, em forma de avivamentos. A história mais recente para nós talvez seja a de cento e dez anos atrás, com o avivamento da rua Azusa, nos EUA. Na época, um pregador do País de Gales, começou a experimentar o *Shekinah* em sua capelinha. Apesar das oito fileiras de bancos que compunham o cenário, aquele pequeno lugar impactou todo o Reino Unido e, ainda que seu precursor não suspeitasse, o mundo inteiro. Inspirado por essas reuniões encharcadas da presença de Deus, um pregador de Los Angeles, se junta com um ex-escravo, negro e cego de um olho, chamado William Seymour. Em seus horários de almoço, os dois passaram a buscar a presença de Deus em reuniões de oração que aconteciam no centro de Los Angeles. Ali, encontraram uma pequena sala que ficava em um prédio na rua Azusa, e até hoje está lá, no centro de Los Angeles. Hoje, o quarteirão inteiro foi tombado por ter sido o berço do movimento pentecostal. As igrejas Assembleia de Deus, Quadrangular e algumas outras saíram desse acontecimento. Todo o mover do sobrenatural que conhecemos hoje, na Igreja moderna, tem suas raízes nos acontecimentos cujo palco foi a rua Azusa.

Relatos históricos e testemunhos documentados contam que naqueles dias havia tanta presença manifesta de Deus, no formato de uma nuvem tão densa, mais tão densa, que enquanto os pais oravam, as crianças brincavam de esconde-esconde dentro da nuvem de glória. Documentos históricos revelam ainda que pessoas vinham do mundo inteiro, de todas as nações, em aviões, navios e carros só para participar das reuniões da que ocorriam na pequena sala da rua Azusa. Ao chegarem a Los Angeles, especificamente em Hollywood Hills, as montanhas ao redor da cidade, perguntavam:

— Como faço para chegar às reuniões de oração?

— Você quer ir para a reunião daquele negro? William Seymour?

Aqui, preciso abrir um parêntese: O avivamento genuíno precisa culminar em uma reforma social. Nesse momento, em Azusa, ninguém entendia como um país que estava vivendo a segregação tinha, como líder de algo tão grandioso e que estava atraindo nações, um negro, ex-escravo e caolho. Deus escolheu esse homem para confundir os sábios.

Em Hollywood Hills, os que chegavam, olhavam para o centro de Los Angeles, onde havia um pilar de nuvem.

— Siga a nuvem e você encontrará a reunião de oração.

Além desses dias memoráveis, na década de 60 e 70 tivemos também o movimento Palavra da Fé, de Kenneth Hagin. Ele contava que algumas vezes, quando entrava para pregar, a glória de Deus entrava no auditório e ficava tão densa que após trinta minutos de pregação, ele não conseguia enxergar uma alma sequer, tamanha era a densidade da fumaça que cobria o local. Segundo ele, ao término da mensagem, a fumaça se dissipava, e ele passava a ver as pessoas no altar, se rendendo a Jesus sem nenhum apelo, sendo curadas e batizadas no Espírito Santo sem nenhuma imposição de mãos. Apenas porque a presença manifesta de Deus estava ali.

Conversava com Jeff Jansen, meu amigo e fundador do Global Fire Ministries, e ele contou que, nas reuniões de avivamento realizadas em Moscou e São Petersburgo, na Rússia, a nuvem invadia o salão de culto, enchia o lugar e começava a garoar dentro do prédio.

Talvez todas essas palavras soem uma loucura ou exagero para você, e não estou falando isso porque adoro sinais sobrenaturais. Isso seria tolice. Mas tão tolo quanto quem adora os sinais é aquele que os ignora. Porque os "sinais acompanharão aos que crerem" (Marcos 16.17). Se estamos crendo e vivendo na plenitude daquilo que cremos, os sinais vão nos acompanhar. Ninguém está buscando sinais ou orando para que Deus nos envie pó de ouro. A única coisa que precisamos buscar é a presença de Deus. Se Ele quiser se manifestar assim Ele fará, se não quiser, Ele é soberano. O que precisamos ter em nosso coração é uma paixão, um zelo santo pela presença de Deus.

Se você desejasse ir para o Rio de Janeiro, por exemplo, mas não soubesse como chegar lá e pedisse minha ajuda, eu diria: "Pegue a Dutra, pise no acelerador e só pare quando chegar lá!". Muito provavelmente você me perguntaria:

— Ok. Mas quanto tempo vou ficar na estrada?

— Ahhh muito tempo! Horas! Mas não tem erro, pegue sentido norte, permaneça na estrada, pise fundo e só pare quando estiver no Rio.

— Só isso?

— Só isso — Eu responderia.

Então você pega a Dutra, pisa fundo e dirige por horas e horas, mas o Rio de Janeiro parece muito mais longe do que você havia previsto. Das duas uma: Ou o Rio de Janeiro realmente é bem longe ou talvez você tenha pego a estrada errada. Ao seu redor, nenhum indício de que o Rio é para aquela direção. Apenas mato e muito, muito asfalto. Mesmo perseverando em sua jornada, muitos questionamentos surgem em sua mente, quando, de repente, você enxerga uma placa, com as seguintes palavras: Rio de Janeiro – 200km. Seu coração para de palpitar e descansa: "Ufa! Estou no caminho certo! Obrigado a quem colocou

> Nós adoramos e seguimos a Jesus.

essa placa". Seu ânimo é renovado e isso te impulsiona a continuar trafegando e ficar em paz, já que agora você sabe que está no caminho certo.

Tolice seria se, ao encontrar a placa, você parasse no acostamento, saísse do carro, olhasse para aqueles dizeres ao alto e exclamasse:

— Meu Deus! Que placa maravilhosa! Rio de Janeiro - 200km.

Então, correndo, abrisse o bagageiro, pegasse sua cadeira de praia, arrancasse a camiseta, passasse o bronzeador e decidisse:

— Ah! Que ótimo! Vou ficar aqui mesmo!

Qualquer um diria que você enlouqueceu, porque não chegou a seu destino. Nós não estamos adorando ou nos acampando ao redor de sinais sobrenaturais e agindo como se tivéssemos chegado ao fim. Sim, reconhecemos e agradecemos pelos sinais sobrenaturais, que vem para nos mostrar que estamos na direção certa, mas não entronizamos essas coisas. Nós adoramos e seguimos a Jesus. Seguimos a nuvem de glória.

Não precisamos nos apegar apenas ao formato de nuvem; temos de entender o princípio por trás disso, que revela a presença de Deus. Apesar disso, a Bíblia nos mostra três propósitos e verdades, especificamente, a respeito da nuvem.

O primeiro propósito é que a nuvem de glória manifesta a presença de Deus. Em Êxodo 33 e 40 temos os relatos do povo de Israel, no deserto, sendo guiado pela nuvem de glória, que os acompanhava de dia, enquanto uma coluna de fogo os guiava de noite.

"Ora, Moisés costumava tomar a tenda e armá-la para si, fora, bem longe do arraial; e lhe chamava a tenda da congregação. Todo aquele que buscava ao SENHOR saía à tenda da congregação, que estava fora do arraial. Quando Moisés saía para a tenda, fora, todo o povo se erguia, cada um em pé à porta da sua tenda, e olhavam pelas costas, até entrar ele na tenda. Uma vez dentro Moisés da tenda, descia a coluna de nuvem e punha-se à porta da tenda; e o SENHOR falava com Moisés. Todo o povo via a coluna de nuvem que se detinha à porta da tenda; todo o povo se levantava, e cada um, à porta da sua tenda, adorava ao SENHOR. Falava o SENHOR a Moisés face a face, como qualquer fala a seu amigo; então, voltava Moisés para o arraial, porém o moço Josué, seu servidor, filho de Num, não se apartava da tenda." (Êxodo 33.7-11)

"[...] quando entravam na tenda da congregação e quando se chegavam ao altar, segundo o SENHOR ordenara a Moisés. Levantou também o átrio ao redor do tabernáculo e do altar e pendurou o reposteiro da porta do átrio. Assim Moisés acabou a obra. Então, a nuvem cobriu a tenda da congregação, e a glória do SENHOR encheu o tabernáculo. Moisés não podia entrar na tenda da congregação, porque a nuvem permanecia sobre ela, e a glória do SENHOR enchia o tabernáculo. Quando a nuvem se levantava de sobre o tabernáculo, os filhos de Israel caminhavam avante, em todas as suas jornadas; se a nuvem, porém, não se levantava, não caminhavam, até ao dia em que ela se levantava. De dia, a nuvem do Senhor repousava sobre o tabernáculo, e, de noite, havia fogo nela, à vista de toda a casa de Israel, em todas as suas jornadas." (Êxodo 40.32-38)

Esses trechos nos revelam uma verdade: Se queremos encontrar a presença de Deus, precisamos sair do nosso acampamento e irmos encontrá-la. O nosso encontro está do lado de fora da zona familiar. No entanto, no capítulo 40, percebemos que Deus, ao falar com Moisés, em forma de nuvem, nos revela mais do que apenas a verdade de que o encontro acontece fora da tenda. Ele nos ensina também que há uma postura adequada para receber Sua presença.

O mundo está cada vez mais informal. Acredito que nunca na história da humanidade existiu uma sociedade tão informal quanto essa em que vivemos, e não menciono isso como sendo algo ruim, é apenas um fato. Mark Zuckerberg, fundador do *Facebook*, por exemplo, é um dos homens mais influentes e ricos do mundo, e trabalha de calça jeans e com a mesma cor de camiseta todos os dias. O mundo já não é mais como era. Mas uma coisa que precisamos entender é que apesar de vivermos em uma sociedade informal, Deus nunca se adequará a nossa sociedade. Quando a Sua presença chega, existe um posicionamento de reverência adequado e isso não vai mudar porque a sociedade é informal.

Uma coisa é fato, percebendo ou não, a presença manifesta de Deus sempre nos empurrará para um posicionamento. Quando a presença de Deus vinha sobre a tenda da congregação, o povo de Israel se posicionava. Não é porque existe frequência e intensidade do sobrenatural que qualquer coisa vale, já que o Espírito Santo está se movendo. Precisamos tomar cuidado para que a frequência do sobrenatural não nos cegue, e deixemos de perceber que, na verdade, esse sobrenatural está nos confrontando todas vezes em que ele ocorre.

Nós temos o poder de escolher como reagiremos diante do sobrenatural. Deus pode ter feito o sobrenatural acontecer por nosso intermédio, por exemplo, 249 vezes, mas é de nós que deve partir o posicionamento de encarar aquele mover como se fosse o primeiro. Não podemos tratar isso de modo leviano. Temos de ir para fora da tenda e com temor e reverência diante da presença santa do nosso Deus e de Sua manifestação sobrenatural.

Entretanto, quando a reverência e o temor são perdidos, nos tornamos hipócritas. É assim que se inicia uma vida dupla. Quando existe muito do sobrenatural, da presença manifesta de Deus e essa presença vem, mas não entendemos quão confrontadora ela, ou entendemos que estamos nos movendo e permanecemos nesse lugar com um coração macio ou olharemos para isso e pensaremos que foi só mais uma cura. Ainda nesse contexto, é importante frisar que quando somos usados para nos mover nesse sobrenatural, vemos as coisas acontecerem e nos lembramos que tínhamos um pecado escondido e pensamos: "Se Deus me usou 249 vezes, vamos ver se esse número aumenta para 250!". E aí, então, que caímos no engano.

Ninguém acorda um dia querendo perverter toda a sua vida e ainda assim ser usado por Deus. O que acontece? A pessoa peca, toma uma atitude leviana, experimenta a presença manifesta e chega à conclusão de que não é tão ruim assim. E, desse modo, o ciclo tem início, a mente, aos poucos, se torna cauterizada, e o coração endurecido. Depois disso, a coisa mais natural só pode ser uma vida dupla.

A presença demanda reverência. Em 1Reis 8.10-11 vemos que:

> "Tendo os sacerdotes saído do santuário, uma nuvem encheu a Casa do SENHOR, de tal sorte que os sacerdotes não puderam permanecer ali, para ministrar, por causa da nuvem, porque a glória do SENHOR enchera a Casa do SENHOR."

Há momentos em que a presença manifesta de Deus vem e nem mesmo os sacerdotes conseguem ficar de pé. Aquele que tenta permanecer exaltado diante da glória do Senhor precisa ser abalado e rebaixado. Se queremos experimentar a presença de Deus precisamos perguntar a Ele o que temos de entregar e retirar, e nos prostrar diante d'Ele.

Confesso que, ultimamente, meu temor tem estado no fato de a presença de Deus vir sobre a tenda do encontro, e a nossa geração defender que não é necessário sair da tenda, deixar o acampamento para trás, abater os que se exaltam contra Deus ou se prostrar diante d'Ele. Então o mais perigoso que qualquer outra coisa acontece: a presença manifesta de Deus aparece, dando a impressão de que Ele está aprovando sua vida de hipocrisia e incoerência; isso pode levar o coração humano ao engano, fazendo-o pensar que está tudo bem. Que bom seria se no momento em que pecássemos, a presença manifesta de Deus fosse embora. Esse seria um alerta para o erro e possibilidade de correção. O problema é que, por sua grande misericórdia, a presença volta a aparecer mesmo assim, parecendo dar aval para uma vida de hipocrisia. Mas só parece. É pura impressão equivocada, pois toda vez que a presença de Deus vem, ela força um posicionamento.

É interessante reparar também em outra expectativa que Deus tem em relação a nós:

"Por isso, Eli disse a Samuel: Vai deitar-te; se alguém te chamar, dirás: Fala, Senhor, porque o teu servo ouve. E foi Samuel para o seu lugar e se deitou. Então, veio o Senhor, e ali esteve, e chamou como das outras vezes: Samuel, Samuel! Este respondeu: Fala, porque o teu servo ouve. Disse o

Senhor a Samuel: Eis que vou fazer uma coisa em Israel, a qual todo o que a ouvir lhe tinirão ambos os ouvidos." (1Samuel 3.9-11)

Deus requer de nós mais do que reverência. Ele requer também uma audição ativa: "O que o Senhor está falando comigo?", "Estou ouvindo, Deus! Quanto eu tenho de sacrificar, abrir mão, para receber o que o Senhor tem para mim?", "Como posso participar disso?", "Para aonde eu tenho de ir?". Por isso, se quisermos a presença manifesta de Deus precisamos nos preocupar em simplesmente buscá-la, com reverência e posicionamento, e não corrermos atrás de sinais e maravilhas, pois eles são consequência e acontecem exclusivamente pela vontade perfeita do Senhor. Para que a presença manifesta de Deus nos encontre, precisamos estar grávidos de uma missão, porque se estivermos compromissados com a missão, Deus trará a provisão necessária para que ela se cumpra. O que é necessário, no final das contas, é apenas ter uma botija vazia, um vácuo, para que Deus possa derramar Seu poder.

No entanto, apesar de, claramente, ao longo das Escrituras, percebermos a nuvem de glória como uma manifestação da presença de Deus, que requer posicionamento e nos confronta, ela também tem outros propósitos como: a proteção da promessa de Deus e a orientação de nossos movimentos.

No primeiro caso, como descrito em Êxodo 14, o Anjo do Senhor nos deixa uma mensagem essencial:

"Então, o Anjo de Deus, que ia adiante do exército de Israel, se retirou e passou para trás deles; também a coluna de nuvem se retirou de diante deles, e se pôs atrás deles..." (Êxodo 14.19)

Deus está na nossa retaguarda. Não devemos nos preocupar com os ladrões e seus roubos; Ele nos protege. E vai além disso: em Sua presença Ele nos oferece mais do que proteção, Ele nos concede também provisão, como vemos em Êxodo 16, quando o povo de Israel reclamou por não aguentar mais o maná e desejar carne. Deus não precisava dar carne, afinal, eles sobreviveriam apenas com o maná, mas Ele é bom.

Já no segundo caso, com a nuvem de glória como guia dos nossos movimentos, como em Êxodo 13, experimentamos a eficiência dupla, da mesma maneira que o povo de Israel.

"Tendo, pois, partido de Sucote, acamparam-se em Etã, à entrada do deserto. O Senhor ia adiante deles, durante o dia, numa coluna de nuvem, para os guiar pelo caminho; durante a noite, numa coluna de fogo, para os alumiar, a fim de que caminhassem de dia e de noite. Nunca se apartou do povo a coluna de nuvem durante o dia, nem a coluna de fogo durante a noite." (Êxodo 13.20-22)

Ou seja, quando experimentamos a presença de Deus e vivemos nela, temos a garantia de que, tanto de noite quanto de dia, Ele estará trabalhando em nosso favor: uma eficiência constante e, por isso, dupla. Ele não para, assim como o Seu Reino. O Reino de Deus está em constante movimento. Precisamos acompanhar a nuvem, porque o que Senhor faz hoje não será o mesmo que fará amanhã.

Marcos 5 retrata exatamente isso. Jesus está no barco indo em direção à praia (movimento). Logo que pisa em terra firme, vai ao encontro de Jairo e, ao tomar conhecimento do estado de sua filha, ambos se dirigem à casa do chefe da Sinagoga (movimento). A multidão segue a nuvem. Entretanto, no meio do caminho algo acontece: uma mulher com fluxo de sangue, que não tinha absolutamente nada a ver com Jairo e sua filha, aparece em cena. Jesus não estava indo curar aquela mulher. Ele estava indo em direção à casa de Jairo. A multidão fazia a mesma coisa (movimento). Ainda assim, a mulher não ficou parada, esperando que Jesus a tocasse para que a cura, finalmente, acontecesse. Ela entendeu que precisava honrar o movimento. Seguir a nuvem. Muitas vezes, o que falta para nós é ir atrás do movimento. Alguns se contentam e esperam que Jesus vá atrás deles para os curar, libertar e realizar milagres, dizendo: "Ah, se Jesus quiser, Ele virá até aqui! Eu não vou ficar correndo atrás desses moveres, não vou correr atrás de nenhuma nuvem". Para os que se posicionam assim, saibam, que vocês morrerão com suas hemorragias, porque não honram o movimento dos céus. Nosso posicionamento é ir em direção a Jesus, não importa se Ele está indo em direção à casa de Jairo, precisamos honrar o movimento e seguir a nuvem.

CAPÍTULO 8

OS DONS DO ESPÍRITO SANTO

SARAH HAYASHI

Os dons do Espírito Santo são dádivas concedidas aos cristãos para a edificação do corpo de Cristo, conforme nos apresenta 1Coríntios 12.7-11:

"A manifestação do Espírito é concedida a cada um visando a um fim proveitoso. Porque a um é dada, mediante o Espírito, a palavra da sabedoria; e a outro, segundo o mesmo Espírito, a palavra do conhecimento; a outro, no mesmo Espírito, a fé; e a outro, no mesmo Espírito, dons de curar; a outro, operações de milagres; a outro, profecia; a outro, discernimento de espíritos; a um, variedade de línguas; e a outro, capacidade para interpretá--las. Mas um só e o mesmo Espírito realiza todas estas coisas, distribuindo-as, como lhe apraz, a cada um, individualmente."

Antes da vinda do Messias, apenas três classes tinham o privilégio de ter e depender do Espírito Santo: os sacerdotes, para lidar com os pecados, problemas e enfermidades do povo; os profetas, para obter direções em caso de decisões; e os reis, para governar a nação. Após a ascensão do Cristo ressurreto, iniciou-se o ministério do Espírito Santo aqui na Terra, agora disponível a toda criatura. Nessa mesma época, os discípulos de Jesus receberam várias instruções, além da Grande Comissão:

"Toda a autoridade me foi dada no céu e na terra. Ide, portanto, fazei discípulos de todas as nações, batizando-os em nome do Pai, e do Filho, e do Espírito Santo; ensinando-os a guardar todas as coisas que vos tenho ordenado". (Mateus 28.18-20)

"Ide por todo o mundo e pregai o evangelho a toda criatura. Quem crer e for batizado será salvo; quem, porém, não crer será condenado. Estes sinais hão de acompanhar aqueles que creem: em meu nome, expelirão demônios; falarão novas línguas; pegarão em serpentes; e, se alguma coisa mortífera beberem, não lhes fará mal; se impuserem as mãos sobre enfermos, eles ficarão curados." (Marcos 16.15-18)

Sem o poder do alto, que ainda estavam para receber, não seria possível cumprir tal mandato. De fato, sem Jesus não podemos fazer nada. E ainda que tivessem andado com Ele por três anos, não foi tempo suficiente para que os discípulos fossem capazes de operar os sinais e as maravilhas que o Mestre realizava; eles tiveram de ser revestidos do poder do Espírito Santo.

Desde a descida do Espírito Santo, no dia da Festa de Pentecostes, até hoje, a Igreja precisa do batismo no Espírito Santo e da operação dos dons espirituais para trazer o Reino dos céus e o amor de Deus para a Terra. Cada dom do Espírito Santo opera diferentemente, embora todos sejam para a edificação, conforto e exortação do povo de Deus, até a segunda vinda do Rei dos reis, o Messias, Jesus Cristo.

DOM DA PALAVRA DE SABEDORIA

Uma coisa é conhecer as Escrituras Sagradas, outra é aplicá-las em nosso dia a dia, com revelações dos segredos divinos. Especialmente no que diz respeito a decisões complexas, necessitamos de direções específicas e certeiras, a fim de não tropeçarmos ou perdermos tempo e energia com as consequências de decisões erradas. No entanto, seja em situações simples ou complexas, a Palavra de Deus é e sempre será "lâmpada para os nossos pés e luz para os nossos caminhos" (Salmo 119.105).

A Palavra de Sabedoria entra exatamente nesse contexto, já que é através das Escrituras que Deus nos concede sabedoria e valores para lidarmos com qualquer situação, inclusive as contraditórias e as que parecem insolúveis.

Esse dom se expressa sobrenaturalmente com revelações da Palavra de Deus, nos fazendo lembrar de versículos, passagens, histórias, versos, e tudo o que Ele nos concede através de Sua Palavra. É maravilhoso experimentar o cuidado e a soberania de Deus em todo tempo, especialmente em crises, tribulações, apertos e desespero. Nos momentos de aconselhamento pastoral, de forma sobrenatural, tenho recebido palavras que nunca poderiam ter saído da minha própria mente, causando resultados poderosos.

Através desse dom, podemos ajudar as pessoas em decisões importantes, por exemplo. Deus usou José e Daniel para fazer prosperar faraós e reis. Nestes dias, muitos "reis" e "faraós" precisarão dos conselhos sábios que vêm da parte dos filhos de Deus, em todas as esferas da sociedade. Dentro de alguns anos, nossos filhos e netos também estarão ocupando lugares de influência no topo de todos os montes, aconselhando grandes líderes ou tomando decisões que vão traçar o rumo da História. Entretanto, para isso, é necessário que façamos a nossa parte.

A palavra de sabedoria enriquece os que tem contato com ela, não apenas por confortar ou oferecer direção, mas porque faz isso trazendo a sabedoria do alto e não a humana. Quanto mais uma pessoa estuda várias áreas, mais esse dom tem a oportunidade de fluir. Estudar a Bíblia é primordial, mas ter conhecimento geral, vasto e profundo atrairá ainda mais palavras divinas. Foi, como citamos, o caso de Moisés, criado para ser um faraó, e Daniel, um jovem cheio de conhecimentos gerais e sabedoria divina.

DOM DA PALAVRA DE CONHECIMENTO OU CIÊNCIA

Esse dom é uma revelação divina de algo que aconteceu ou do que está acontecendo naquele momento, geralmente com riqueza de detalhes. Ao contrário do que se pode inferir, não se trata de adivinhação, algum fenômeno psíquico, telepatia ou resultado de profundos estudos teológicos, o que quer dizer que, quando Deus revela alguma coisa pelo Espírito Santo, é algo que não poderíamos saber de forma natural. O caso de Ananias e Safira é um dos inúmeros exemplos que encontramos na Bíblia a esse respeito (Atos 5). Eliseu, em 2 Reis 6.9-12, é outro caso, além de Jesus, em João 4.

Os que recebem os benefícios desse dom têm a oportunidade de experimentar o amor de Deus de forma customizada, aumentando as chances de abrirem seu coração para que a verdade divina ou uma palavra profética penetre mais profundamente.

Em 2015, durante nossa Conferência Profética Voz de Sião, palestrei sobre os dons do Espírito Santo para as crianças. Para exemplificar, levei nove pacotes de presente, nomeei cada um com um dos dons do Espírito e assim expliquei o que eram e o que faziam. Ao final, orientei as crianças a que pegassem o dom que mais desejavam. Sem pensar, um menino de 7 anos de idade saiu correndo de seu lugar e falou bem alto que queria o dom da palavra de conhecimento. De forma certeira, ele escolheu o presente compatível com o seu desejo, sem saber que já estava sendo usado e treinado

Sempre em nossas conferências temos o costume de fazer também o que chamamos de sala profética, onde pessoas entram em um local para receber uma profecia e oração das equipes preparadas para esse momento. Certa vez, um dos integrantes das nossas equipes, ao avistar um casal entrando na sala em sua direção, teve um nome muito claro soando em sua mente. Sem entender o significado ou a razão, esse ministrador simplesmente disse: "Enquanto vocês caminhavam, o Espírito Santo me disse: Isabela. Faz sentido para vocês?". Imediatamente, a moça começou a chorar e concordou. Mais tarde o casal explicou que por muito tempo eles desejaram ter filhos, mas sem sucesso. A esposa havia dito, recentemente, que se tivesse uma menina, ela gostaria de colocar o nome de Isabela. Cremos que, a essa altura, Isabela já tenha nascido.

DOM DA FÉ

Todo cristão tem fé, caso contrário, não seria um cristão, pois o novo nascimento vem por meio da fé. Porém, nem todo cristão tem o dom da fé. Este dom, assim como os demais, vem com ou após o batismo com o Espírito Santo. É uma confiança em Deus de um modo sobrenatural. Esse dom impulsiona e instiga os dons de cura e milagres, como descritos em Mateus 17.20. Os que se movem nele têm a convicção de que Deus fará o impossível, inclusive quando todos ao redor não creem.

Na Palavra, encontramos situações como a de Josué (Josué 10.12-15), de Elias (1Reis 18.33-38), dos discípulos (Marcos 9.23-25), marcando a operação desse dom.

Anos atrás, estávamos vendendo uma casa que, na época, valia R$360 mil. Nossa pretensão era a de anunciá-la por R$320 mil, entretanto um dos integrantes da Diretoria disse: "Se não for por R$ 420 mil, não vamos vender". Todos permaneceram calados, pensando o quão impossível era aquela declaração. Na mesma semana, um comprador apareceu e ofereceu R$460 mil. O dom da fé ultrapassou a nossa realidade. É assim que Deus faz milagres.

DONS DE CURAR

São soluções divinas que não vêm apenas para amenizar o sofrimento, mas para liquidá-lo; afinal, o sacrifício de Cristo nos trouxe perdão, libertação e cura, como escrito em Isaías 53.4-5 e Mateus 8.16-17.

Diferentemente dos outros, esse dom aparece no plural; são **dons** de curar, e não o dom de curar. O que nos revela que existe variedade de curas. Alguns podem ter o dom de curar alergia; outros, a coluna; outros ainda, o aparelho digestivo; respiratório, e assim por diante.

Quando batizada, recebi o dom de curar distúrbios da mente e tenho visto Deus curar muitas pessoas, de enxaqueca à depressão. Tenho muita fé de que ainda verei curas instantâneas de Síndrome de Down, e, apesar de isso ainda não ter acontecido, já tenho visto melhoras sensíveis e gradativas em alguns casos.

DOM DE OPERAÇÃO DE MILAGRES E MARAVILHAS

É uma operação de poder que ultrapassa as leis naturais, como por exemplo, fazer aparecer órgãos ou partes do corpo que antes não existiam. Nas Escrituras encontramos alguns exemplos dessa operação em atividade em Mateus 8.26-27, quando Jesus acalma a tempestade; em João 2.1-11, na transformação da água em vinho; em João 11.43-44, na ressurreição de Lázaro e em Lucas 5.1-11, quando a pesca maravilhosa aconteceu.

Na década de 60, *Sister* Miller foi missionária na África, onde fez um trabalho em uma vila de leprosos.

Na maioria dos casos, a lepra já tinha destruído orelhas, narizes, dedos e outras partes do corpo daquelas pessoas. Mas, assim que ela tocava as partes ocas e chamava-as à existência, em nome de Jesus Cristo, aqueles membros, mesmo que já tivessem sido destruídos, voltavam a existir.

Vale reforçar que esse tipo de dom não atua apenas no corpo físico, mas também na alma, nas circunstâncias e relacionamentos.

Tenho um amigo de Portugal. Anos atrás, ele e seus irmãos passaram por uma grande dificuldade financeira, colocando em xeque até mesmo a ida da família para a Igreja, já que ela ficava extremamente distante de onde moravam. No entanto, eles continuaram firmes com o compromisso aos finais de semana. Certo domingo, mesmo tendo apenas o dinheiro da ida para pagar o ônibus, eles foram. Mesmo com o frio que a noite traria e a distância que os aguardava, decidiram caminhar na volta. Logo após o término do culto, quando já haviam começado a caminhada para casa, ele pôs sua mão em um dos bolsos, onde divinamente encontrou a quantia exata da passagem de ônibus para todos.

DOM DE DISCERNIMENTOS DOS ESPÍRITOS

É uma capacitação para perceber sobrenaturalmente a classe de espíritos com que estamos lidando em alguma situação ou com determinada pessoa. Essas classes são categorizadas em três espíritos: Deus trino e seus anjos, Satanás e seus demônios, e o espírito do homem. Através do discernimento de espíritos não ficamos confusos e nem somos enganados, pois o Espírito Santo nos revela quem está agindo. Isso nos garante que ainda que o diabo, um lobo, apareça vestido de cordeiro ou anjo de luz, o dom do discernimento dos espíritos nos revelará se é algo vindo dele ou de Deus. O mais difícil, em minha opinião, é discernir o espírito do homem. Tenho visto graves erros e escândalos devido à confusão em relação a essas três classes de espíritos, porque as pessoas tendem a agir por emoções e ignorância; dessa maneira, cada vez se faz mais necessário o aprofundamento tanto em nosso relacionamento com Deus como no estudo da Palavra e dos dons.

Dentro disso, é importante entendermos também que mesmo que tenhamos poder para derrotar demônios, potestades e dominadores do ar, porque o fazemos através do sangue do Cordeiro e pelo poder do Espírito Santo, não temos poder sobre o livre arbítrio dos seres humanos. Mesmo Jesus sendo Deus, Ele sempre respeitou as escolhas das pessoas. Exemplo disso aconteceu em seu encontro com o jovem rico. Ele não o persuadiu quando este viera consultá-lo a respeito das melhores opções para sua vida, ainda que o melhor fosse ficar com Ele.

Não devemos persuadir ou obrigar ninguém a escolher algo. O que precisamos é discernir o que está no coração das pessoas, no coração de Deus e no do diabo. Nestes últimos tempos, mais do que nunca, esse dom é extremamente necessário, pois o próprio Jesus nos alertou contra o surgimento de muitos falsos profetas e a Igreja de Cristo deve estar mais madura, sensível e perceptiva ao mundo espiritual.

DOM DE VARIEDADE DE LÍNGUAS

A própria Palavra diz: variedade. Existem línguas para louvar, para orar, interceder, para expulsar demônios, e outras. Logo após ter recebido o batismo do Espírito Santo, ainda novata nesse assunto, costumava visitar uma igreja de um casal que se movia muito nos dons espirituais e se dispôs a me ajudar na prática desses dons. Em uma tarde, depois do culto, vários líderes estavam orando por curas, expulsão de demônios e outras necessidades, quando me colocaram entre eles. Ao meu lado, vi que os ministradores estavam com dificuldade de libertar um endemoninhado que, àquela altura, já estava no chão, se estrebuchando. Após tantas tentativas infrutíferas de libertação, me chamaram para cuidar dele. Fiquei apavorada. Até então nunca havia expulsado demônios. Cheia de compaixão por aquele sofrido, clamei muito pelo poder do alto para libertá-lo, quando, de repente, uma língua diferente, gutural e com muita autoridade começou a fluir pela minha boca. Ela não era a mesma língua espiritual suave e melodiosa que eu tinha quando cantava ou orava. E por mais assustada que aquela situação tivesse me deixado, assim que percebi, o moço estava totalmente liberto e são.

Desde então, todas as vezes que entro em uma luta espiritual e aquela língua gutural, com voz grossa e autoridade flui da minha boca, logo chegam também a libertação, paz e alegria. Até hoje tenho essa língua. Eu a chamo de "língua de guerra". Sempre é vitória.

Da mesma forma, em outras ocasiões já orei por pessoas com muito sofrimento e de mim saíram gemidos e muito choro. Nisso percebo o quão real é o fato de o próprio Espírito Santo interceder por nós, trazendo, logo em seguida, alívio e paz.

INTERPRETAÇÃO DE LÍNGUAS

Esse dom carrega a habilidade de interpretar totalmente o sentido das palavras divinamente inspiradas e proferidas em língua desconhecida. Ele pode acontecer em momentos de oração, adoração individual ou em público. Geralmente, sua manifestação não é tão comum em locais públicos, a não ser que, ali, haja a liberdade de falar ou cantar em línguas angelicais. Aquele que fala intercala com aquele que interpreta.

Além disso, assim como o Espírito Santo faz comigo, quando uma pessoa ora ou canta em línguas angelicais, Ele também pode dar o entendimento espiritual dessas línguas, tornando essa pessoa sua própria intérprete.

DOM DA PROFECIA

Não foi por acaso que decidi tratar deste dom por último, já que, além dele se servir de todos os demais dons, também somos incentivados a buscá-lo:

> "Segui o amor e procurai com zelo os dons espirituais, mas principalmente o de profetizar". (1Coríntios 14.1; *Almeida Revista e Corrigida*)

Ele tem por finalidade edificar, consolar e exortar, fazendo, portanto, que todos os demais nove dons abram o caminho para ele. Por exemplo, se o dom de cura é colocado em prática e alguém é curado, o Espírito Santo tem mais espaço para liberar palavras que confortem, exortem ou até aconselhem, através do dom da palavra de sabedoria. Ou, tomemos outro exemplo, se uma pessoa profética, ou profeta, fala pelo dom da palavra de conhecimento, pode, ao mesmo tempo, trazer palavras proféticas sobre outros aspectos da vida daquele a quem fala, e, assim por diante. Cada um dos dons abre caminho para as profecias referentes ao futuro daquele que as recebe.

CAPÍTULO 9

OS CINCO MINISTÉRIOS

SARAH HAYASHI

A nuvem se move. E, assim como ela, o Reino de Deus (Isaías 43). Dessa maneira, todas as vezes que ela está em movimento, Deus está chamando o Seu povo a se mover também, assim como o povo de Israel, que desarmava a tenda, pegava seus pertences e continuava em direção ao seu destino. Quando a nuvem parava, eles também faziam o mesmo; armavam novamente suas tendas, e só saiam dali a partir do movimento da nuvem. Por isso, é de extrema importância que não percamos de vista nem a nuvem e nem o seu mover. A cada mover que ela traz, um derramar diferente de revelações e amadurecimento no conhecimento de Deus cai sobre Seus seguidores.

A Igreja do Senhor Jesus Cristo deve prosseguir até chegar à maturidade e estar preparada para as Bodas do Cordeiro. Para isso, Deus providenciou o poder do Espírito Santo, sem o qual nada podemos fazer. Na Festa de Pentecostes, após a ascensão de Cristo, iniciou-se o ministério do Espírito Santo, descrito em Atos dos Apóstolos, capítulo 2. Os discípulos receberam o derramar do Espírito Santo e os dons espirituais para operar sinais e maravilhas. Eles tinham andado com Jesus durante três anos e viram muitas operações de milagres, mas necessitavam do poder do alto para serem verdadeiros apóstolos.

Apóstolo é uma palavra que Jesus usou tomando o sentido da cultura romana. Quando os romanos conquistavam um povo bárbaro, levavam a cultura romana, a começar pela língua, anulando totalmente costumes, tradições e a própria cultura anterior. Esse é o sentido da palavra apóstolo: discípulos de Cristo sendo enviados para trazer a cultura do Reino de Deus para a Terra, que é sobrenatural.

O Espírito Santo trouxe também os nove dons, disponíveis a qualquer cristão que deseja agir sobrenaturalmente e demonstrar o poder e amor de Deus aqui na Terra. Entretanto, vale evidenciar que Jesus Cristo subiu aos céus e desceu para entregar os Seus cinco dons, que são diferentes dos do Espírito. Eles foram entregues a nós para que governássemos a Igreja, que tem de amadurecer até a Sua estatura e tornar-se pronta para eternamente reinar com Ele.

Sempre houve a necessidade de um governo para guiar o povo de Deus. Para um crescimento sadio, foi necessário um governo, como aconteceu desde Abraão, o patriarca, as doze tribos de Israel, Moisés, como legislador e profeta; os sacerdotes e profetas movidos pelo Espírito Santo, até a vinda do Filho de Deus, como o Apóstolo dos apóstolos, o Profeta dos profetas, o Evangelista dos evangelistas, o Pastor dos pastores e o Mestre dos mestres. Jesus Cristo foi tudo isso, mas após Sua ascensão, quem poderia fazer as obras que Ele fez?

Lembro-me de quando trabalhava como professora em uma escola americana em São Paulo. Ali, tive a oportunidade de conhecer uma senhora extremamente inteligente e que, além das infinitas outras qualidades, também era uma supervisora incrível - era a senhora Stimson. Ela era uma sumidade. Tudo em que colocava as mãos para fazer, executava com excelência e de forma irrepreensível. Além de ser uma profissional incomparável, ela era também dotada de uma generosidade fora do comum, que podia ser apreciada através de suas aulas não remuneradas e dos materiais necessário a elas; tudo vindo de seus próprios recursos e esforços. Algum tempo depois, ela comentou que teria de voltar aos EUA para cuidar de sua saúde. Aquela notícia, além de preocupada me deixou triste. Triste, por perder uma amiga tão boa com quem aprendia tanto, e preocupada, pois não conseguia imaginar uma pessoa que pudesse substituí-la.

Por incontáveis vezes orei com fervor para que ela fosse curada, afinal, além da amizade que sentia por ela, sabia o quanto ela era inestimável para a escola. Deus, em sua soberania, não a curou e ela teve mesmo que voltar para os EUA. De vez. Em uma das nossas últimas conversas disse-lhe:

— Se for embora, quem vai fazer tudo o que a senhora faz? Provavelmente terão que contratar umas cinco pessoas para dar conta das coisas que fazia sozinha. Eu estava certa. Assim que partiu, a escola teve que contratar exatamente cinco pessoas para suprir a falta que ela fazia.

Vejo Jesus da mesma maneira. Ele era apóstolo, profeta, evangelista, pastor e doutor. Entretanto, apesar das habilidades e talentos da senhora Stimson, ninguém, sozinho, poderia fazer o mesmo. Dessa forma, Ele distribuiu a algumas pessoas as funções de cada dom. Mesmo assim, é necessário que haja união entre as pessoas que funcionam em cada ministério. É impossível haver o ministério que Jesus Cristo exerceu sozinho, em apenas três anos, sem os cinco ministérios operando unidos. A mão tem que ter os cinco dedos. Em Efésios, Paulo nos revela essas verdades:

> "E ele mesmo concedeu uns para apóstolos, outros para profetas, outros para evangelistas e outros para pastores e mestres, com vistas ao aperfeiçoamento dos santos para o desempenho do seu serviço, para a edificação do corpo de Cristo, até que todos cheguemos à unidade da fé e do pleno conhecimento do Filho de Deus, à perfeita varonilidade, à medida da estatura da plenitude de Cristo, para que não mais sejamos como meninos, agitados de um lado para outro e levados ao redor por todo vento de doutrina, pela artimanha dos homens, pela astúcia com que induzem ao erro. Mas, seguindo a verdade em amor, cresçamos em tudo naquele que é a cabeça, Cristo, de quem todo o corpo, bem-ajustado e consolidado pelo auxílio de toda junta, segundo a justa cooperação de cada parte, efetua o seu próprio aumento para a edificação de si mesmo em amor. Isto, portanto, digo e no Senhor testifico que não mais andeis como também andam os gentios, na vaidade dos seus próprios pensamentos, obscurecidos de entendimento, alheios à vida de Deus

por causa da ignorância em que vivem, pela dureza do seu coração..." (Efésios 4.11-18)

Nesse contexto, é importante esclarecermos que há diferenças entre os dons do Espírito Santo e os de Cristo. Os primeiros estão disponíveis a todos os cristãos batizados no Espírito Santo. Já os dons de Cristo são para algumas pessoas, separadas pelo Espírito Santo, conforme encontramos em Atos 13.1-3:

> "Havia na igreja de Antioquia profetas e mestres: Barnabé, Simeão, por sobrenome Níger, Lúcio de Cirene, Manaém, colaço de Herodes, o tetrarca, e Saulo. E, servindo eles ao Senhor e jejuando, disse o Espírito Santo: Separai-me, agora, Barnabé e Saulo para a obra a que os tenho chamado. Então, jejuando, e orando, e impondo sobre eles as mãos, os despediram."

A FUNÇÃO DE CADA DOM DE CRISTO

Lembremos daquela nuvem com a forma da mão de um homem, que o servo de Elias viu subindo do mar. Aquela nuvem era o prenúncio de chuva. Assim também, os cinco ministérios são sinal de um derramar de chuva abundante nos últimos tempos. Há tempo para tudo.

Cada dom representa um ministério específico, mas devem estar numa mão só, em unidade e harmonia para que possam derramar uma porção especial do Espírito Santo profetizado pelo profeta Joel, no Antigo Testamento. A profecia de Joel ainda não se cumpriu em sua totalidade. O que aconteceu na Festa de Pentecostes, descrita em Atos dos Apóstolos, capítulo 2, foi uma amostra do que ainda está por vir.

Este tempo está para chegar desde aquela época. Portanto, podemos entender que a nuvem em forma de mão indicava os cinco ministérios governamentais, saindo do meio do povo de Deus, já que o mar, biblicamente, representa nações.

Quando estes cinco ministérios estiverem juntos, em união, a Igreja é aperfeiçoada e alcança a unidade da fé, chegando à maturidade. Ela não é inconstante e não será enganada pela astúcia dos homens; antes, fica firme como um só corpo, seguindo a verdade em amor e crescendo em Cristo, que é a Cabeça.

A união desses ministérios, ao redor do mundo todo, causará a unidade da Igreja e, então, a nuvem derramará a abundante chuva para a colheita de bilhões de almas.

Tratemos, então, da função de cada um deles.

APÓSTOLO

No grego a palavra *Apostellein* (Apóstolo), significa: Aquele que é enviado; mensageiro ou embaixador. Aquele que representa aquele que o enviou.

"Depois do amanhecer, chamou seus discípulos, e escolheu doze dentre eles, aos quais deu também o nome de apóstolos."

O que faz?

- Planta igrejas
  (1 Coríntios 3.10-11);
- Leva o Evangelho a lugares ainda não alcançados
  (Romanos 15.20);
- Aponta e treina líderes
  (Atos 14.21-23; Tito 1.5-9);
- Supervisiona igrejas e promove a unidade
  (1 Coríntios 16.1-4);
- Demonstra e se move no poder sobrenatural
  (2 Coríntios 12.12; Atos 4.33; 8.4-20; 10.44-46);
- Não manipula nem se autopromove
  (2 Coríntios 11.7-15);
- Possui o caráter transformado
  (2 Coríntios 1.3-11);

- É humilde e se sacrifica
(2 Coríntios 11.22-23);
- Dá testemunho do Senhor ressurreto
(Atos1.21-22);
- Possui um chamado especial da parte de Cristo para exercer esse ministério e recebe autoridade para ensinar e definir a doutrina, firmando as pessoas na verdade
(1 Coríntios 9);
- Recebe, juntamente com os profetas, os mistérios de Cristo
(Efésios 3.3-5).

PROFETA

É aquele que anuncia os desígnios divinos por inspiração de Deus. Profeta é aquele que ouve, entende e expressa a voz de Deus para a igreja, de acordo com o que Deus lhe falou. Ele aponta e dá a direção espiritual para a igreja. Entretanto, é necessário reforçar que a constante comunhão com a glória do Senhor transforma radicalmente a maneira do profeta pensar e agir.

O que faz?

- Aponta e dá direção.
- Em parceria com o apóstolo, recebe os mistérios de Cristo (Efésios 3.3-5);
- Revela a mente e o coração de Deus, conforme a revelação do Espírito Santo (Atos 13.2);
- Prediz acontecimentos futuros (Atos 11.27-28);
- Edifica, conforta e exorta, não representando a si próprios, mas a Deus (Atos 15.32);
- Tem poder para repreender e determinar um destino, com autoridade dada por Deus (Atos 5.3-5).

EVANGELISTA

É aquele que proclama boas notícias, o Evangelho da salvação (Isaías 40.9; 41.27; 52.7). No Antigo Testamento os próprios profetas também eram evangelistas, pois pregavam a salvação além de apontar as direções e estratégias de guerras que Deus lhes dava.

No Novo Testamento, essa divisão era mais clara (Atos 8.12), entretanto, os apóstolos também exerciam papel de evangelistas e incentivavam outros a evangelizar, como Timóteo (2 Timóteo 4.5).

O que faz?

- Para ser eficaz deve possuir os dons do Espírito, principalmente o dom da fé, de curas, milagres e palavra de conhecimento. (1 Coríntios 12.8-10).
- Traz as boas-novas de maneira diligente (2 Timóteo 2.15);
- Geralmente é uma pessoa que comunica suas ideias de forma clara, assertiva e adequada ao público que está recebendo aquela mensagem.
- Alcança os de fora da Igreja
- Necessita de ousadia e intrepidez, geradas pelo Espírito Santo.

PASTOR

É aquele que apascenta o rebanho. Possui capacitação divina para nutrir, cuidar e amadurecer espiritualmente cada ovelha. É abnegado, generoso, hospitaleiro e moderado.

O que faz?

- É relacional, conhece as ovelhas pelo nome (João 10.3-14);
- Tem cuidado específico com as ovelhas (João 10.4-5);
- Generoso (João 10.11);
- Conforta (Salmos 23.2-3);
- Corrige e protege o rebanho (Salmos 23.4)
- Cuida da igreja local
- Discerne falsos ministros

MESTRE | DOUTOR

O mestre é responsável pelo ensino da igreja. Ele educa baseado nos princípios de Deus e em Sua Palavra. Explica e expressa conteúdos complicados de forma simples, a fim de que todos tenham a compreensão, o entendimento e, principalmente, a aplicação prática desses ensinamentos nas atividades da vida cotidiana.

O que fazem?

- É responsável
(Tiago 3.1);
- Exercem autoridade
(Mateus 7.28-29);
- É dedicado
(Romanos 12.7);
- Cuida e firma as raízes ou alicerces.

CAPÍTULO 10
OS PROPÓSITOS DOS DONS DE CRISTO

SARAH HAYASHI

Todo aquele que é nascido de novo tem a vida eterna pelo Espírito Santo. Para nós que respiramos essa verdade, ela não parece tão difícil de entender. Mas apenas porque antes, ela foi o tema central da conversa que Jesus teve com um fariseu chamado Nicodemos (João 3). O Espírito Santo é o agente da trindade divina, e apesar de serem três, onde um está, todos estão. A matemática celestial é simples: 1 + 1 + 1 = 1. E apesar de conseguirmos entender essa lógica, é inegável que ela continua sendo um mistério de unidade e hierarquia.

Da mesma forma, os cristãos também têm níveis diferentes de poder e autoridade conferidos por Deus, dependendo de seus chamados e experiências pessoais com Ele. Uma criança, por exemplo, pode orar e curar enfermos, ter uma certa dose de discernimento dos espíritos e trazer palavras proféticas, por causa de um coração simples e sincero, mas não com a mesma intensidade de alguém mais maduro e calejado na fé.

> Todo aquele que é nascido de novo tem a vida eterna pelo Espírito Santo

Atualmente, no século XXI, muitas profecias já se cumpriram e outras estão caminhando para o seu cumprimento, e isso, somado às revelações que temos tido, nos possibilita enxergar o Corpo de Cristo com mais entendimento das Escrituras e, gradativamente, mais amadurecimento.

Somos uma Igreja apostólica, profética, evangelística, pastoral e mestra. É o mesmo Espírito Santo, e o único, que habita nos cristãos. A diferença está na medida e na esfera de autoridade e poder.

Em Efésios 4, Deus revelou aos apóstolos e profetas certos mistérios de modo especial. Vemos como o apóstolo Paulo foi usado tremendamente para trazer à luz detalhes que outros não trouxeram. Ele foi muito usado por Deus para instruir outros apóstolos e líderes de igrejas locais. As experiências de Paulo forjaram o seu caráter e acumularam palavras de sabedoria para que a Igreja pudesse ser preparada para se tornar uma Noiva digna do Cordeiro. Ele tinha autoridade espiritual para orientar os demais ministérios e direcionar a Igreja do Senhor Jesus Cristo através de suas epístolas.

Algo importante e que não podemos esquecer é que os cinco ministérios devem sempre estar em harmonia e unidade. Entre eles não devem existir competições e comparações. O ministério maduro não necessita de aprovação humana ou reconhecimento que exija honrarias. Ele busca somente a aprovação de Deus, conhece a sua tarefa e a cumpre cabalmente, o que reforça e incentiva os outros quatro ministérios, estabelecendo, por isso, a unidade, que é o desejo de Deus. Existe bênção na unidade:

"Oh! Como é bom e agradável viverem unidos os irmãos! É como o óleo precioso sobre a cabeça, o qual desce para a barba, a barba de Arão, e desce para a gola de suas vestes. É como o orvalho do Hermom, que desce sobre os montes de Sião. Ali, ordena o SENHOR a sua bênção e a vida para sempre." (Salmo 133)

Dentro disso, o capítulo 4 de Efésios nos ensina e destrincha os propósitos dos dons de Cristo, para que não sejamos mais inconstantes, levados por todo o vento de doutrina ou enganados por homens fraudulentos, mas para que pudéssemos seguir a verdade em amor e crescer em tudo naquele que é a cabeça, Cristo.

1. Aperfeiçoamento dos santos: Os santos são todos os cristãos que Deus separou para serem puros, santificados e transformados no caráter, à semelhança de Cristo. Apesar da nomenclatura ser mal interpretada por muitos, até mesmo dentro da Igreja, ninguém é perfeito, mas pode e deve ser saudável. A maturidade traz paz e segurança ao Corpo de Cristo, por isso é tão importante que estejamos abertos e vulneráveis ao confronto e crescimento, porque, consequentemente, eles nos levarão ao aperfeiçoamento.

2. Para a obra do ministério: Cada membro do Corpo deve cumprir o seu ministério, seja qual for, inclusive os próprios ministérios dos cinco dons de Cristo. Eles necessitam da Igreja, a fim de amadurecerem no seu chamado.

3. Para a edificação do Corpo de Cristo: Um edifício só é erguido de maneira segura quando o material é de boa qualidade e os trabalhadores fazem o serviço dando atenção a cada detalhe da construção. A boa qualidade refere-se ao caráter transformado de cada cristão e os trabalhadores aos irmãos mais experientes e humildes, sempre prontos a contribuir com amor e sacrifício. Sermos semelhantes à Cristo é um indício de maturidade.

4. Até que cheguemos à unidade da fé: Cada cristão tem uma medida diferente de fé, porque somos pessoas diferentes. Deus é apaixonado pela diversidade; tanto que se preocupou em não criar ninguém igual; nem mesmo gêmeos univitelinos tem a mesma digital, comprovando o quanto a individualidade é celebrada. Podemos nos inspirar em alguém, mas nunca seremos iguais a essa pessoa. Da mesma forma, jamais teremos medidas de fé idênticas, ainda que amemos muito os irmãos em Cristo.

5. (Até que todos cheguemos) ao conhecimento do Filho de Deus: Na cultura hebraica, *conhecer* é um verbo que denota profunda união. Não é apenas um encontro casual ou uma amizade, tem relação com intimidade. Deus espera que sejamos íntimos d'Ele, como filhos que realmente se sentem pertencentes à Sua família. Esse sentimento de pertencimento é algo não apenas poderoso, mas que o próprio Deus colocou em nós.

Através da Cruz, Jesus nos deu o DNA do Pai celestial. Sua ressurreição concluiu a ligação que nos levou de volta ao Pai e, por amor, nos deu o poder de sermos chamados filhos de Deus.

Cristo não veio apenas para pagar o castigo por nossos pecados, mas também para nos revelar o nosso Pai celestial; um Pai de amor, bondoso. Muitos falsos deuses lidam com seus adeptos por força, barganha e abuso de poder; são desprovidos de autoridade, mas o nosso Deus, Criador de tudo, não requer nada. Ele já é Todo-poderoso e não precisa provar nada. Ele é o único Deus, o grande EU SOU.

6. (Até que todos cheguemos) a varão perfeito: Deus, como um verdadeiro Pai perfeito, deseja o crescimento e amadurecimento de cada um de Seus filhos, e sempre soube que a única maneira seria através de Jesus, o único exemplo em que devemos nos espelhar. Não por acaso, chegarmos a essa estatura de varão perfeito é carregar o caráter de Cristo, sendo maduros, não culpando as outras pessoas por nossos fracassos ou profetas pelas profecias enganosas, mas sendo responsáveis por nossas crenças, decisões e consequências de nossos atos. O varão perfeito pode até chegar a ponto de se sacrificar em prol daqueles a quem Deus ama e de Sua obra.

7. (Até que cheguemos) à medida da estatura completa de Cristo: O próprio Senhor Jesus expressou ser um sacrifício, a fim de formar um corpo espiritual, a Sua

Igreja, por quem deu a Sua vida como sacrifício. O Seu corpo e a Sua vida aqui na Terra foram tirados para dar lugar ao segundo Corpo, a Sua Igreja:

> "Porque é impossível que o sangue de touros e de bodes remova pecados [...] Então, eu disse: Eis aqui estou (no rolo do livro está escrito a meu respeito), para fazer, ó Deus, a tua vontade. Remove o primeiro, para estabelecer o segundo".
> (Hebreus 10:4-7-9b)

A verdadeira estatura, a que Jesus se refere, não é o crescimento ou a maturidade pessoal de um ser humano, mas a sua estatura espiritual. A fim de dar ao Pai um Corpo de reis e sacerdotes, Ele entregou a Sua vida por inteiro e se fez o sacrifício que possibilitou chegarmos a essa estatura.

A medida da estatura completa virá quando, em Sua segunda vinda, Jesus agregar os que morreram na fé, desde Adão até os que estiverem vivos até aquele dia, e não terá mais o corpo imperfeito como recipiente, mas aquele igual ao dos anjos. Desse modo, o Corpo será formado pelos filhos de Deus e, por causa da segunda vinda, estabelecido para sempre. Nesse contexto, os cinco ministérios têm a incumbência de cooperar com a Igreja de Cristo, para que ela não permaneça imatura, mas se torne firme e madura.

8. Para que não sejamos mais como meninos, agitados de um lado para outro e levados ao redor por todo vento de doutrina, pela artimanha dos homens, pela astúcia com que induzem ao erro: "Meninos" ou "crianças", nesta passagem, tem a conotação de imaturidade, inconstância e personalidade frágil; alguém sem opiniões próprias.

Os filhos de Deus devem crescer com suas raízes aprofundadas na Palavra e se alicerçarem em Sua doutrina. Cristo mencionou a respeito do sábio e do néscio, um como aquele que constrói sua casa na rocha e o outro na areia. O cristão que se alicerça na Palavra de Deus não é levado de um lado para outro.

Especialmente nestes dias, muitos falsos profetas surgirão e precisamos aprender a reconhecer as árvores por seus frutos.

Os cinco ministérios, ou os dons da ascensão de Cristo, têm uma grande tarefa para os últimos dias. A união de amor e responsabilidade entre estes será o fator principal para o preparo da Noiva de Cristo. Eles representam aquela "nuvem com a forma da uma mão de um homem" que viu o servo de Elias (1Reis 18). Essa mão representa a união e valorização mútua. Toda parte do corpo tem a sua importância, conforme a carta de Paulo aos coríntios revela. Deus colocou cada parte do Corpo de Cristo com uma importância *sui*

> O cristão que se alicerça na Palavra de Deus não é levado de um lado para outro.

generis (única). E como membros do mesmo Corpo a nossa responsabilidade é obedecer ao Cabeça.

Como uma nuvem com a forma de uma mão, os cinco ministérios têm a honra e o privilégio de trazer a unidade do Corpo de Cristo. Ainda haverá o derramar de uma grande chuva, com as chuvas temporãs e serôdias. Assim como Deus tem falado "e a terra ainda se cobrirá com o conhecimento da glória de Deus, como as águas cobrem o mar". (Habacuque 2.14).

CAPÍTULO 11

PROFETAS E PROFÉTICOS

SARAH HAYASHI

Biblicamente, de acordo com 1Coríntios 14.31, todos podemos profetizar. A profecia acontece quando falamos o que está na mente e no coração de Deus, conforme o Espírito Santo quer nos revelar. Por isso, toda a profecia que contraria o ensino das Escrituras deve ser classificada como falsa, o que só reforça a necessidade de serem julgadas, assim como descrito em 1Coríntios 14.1-40.

Por esse motivo, na época em que eu lecionava aulas práticas de ministério profético, no qual todos eram encorajados a trazer uma palavra profética de forma criativa, um dos meus grandes cuidados era que os alunos trouxessem palavras que condissessem com a autoridade que lhes era conferida. Nada de novos bebês, casais, mortes, acusações ou peso. Entretanto, ao olharmos para a Bíblia temos contato com os profetas e a maneira como eles se comportavam diante de temas como esses, que sim, era diferente do que os proféticos são instruídos a fazer. Desse modo, acredito ser importante esclarecer alguns pontos em relação à diferença de autoridade entre profetas e proféticos, razão pela qual este capítulo veio a existir.

Há diferentes autoridades dentro do ministério profético. Sim, todos os cristãos devem profetizar (1Coríntios 14.1), mas não pode haver confusão no que diz respeito à medida de autoridade. O profeta que carrega o dom de Cristo tem muito mais poder e autoridade, e, quanto mais maturidade, mais riquezas na mensagem, mais profundidade e mais resultados para a eternidade. Um cristão com uma vida tratada pelo Espírito Santo proferirá palavras, mesmo que duras e diretas, com amor e respeito. Adquirimos o amor de Deus em áreas em que fomos tratados e onde tivemos vitórias. Todos temos fraquezas em diferentes áreas, mas o importante é recebermos os tratamentos de Deus, em vez de passarmos por cima ou ignorá-las. Para servirmos bem ao nosso amado Senhor, precisamos ter sido tratados ou estar em processo de transformação, rumo à maturidade e estatura de Cristo.

O dom da profecia difere do chamado para profeta. Toda pessoa batizada no Espírito Santo pode ter o dom da profecia e profetizar, mas deve se limitar a edificar, a confortar e a exortar. Em alguns casos, pode até mesmo evoluir, chegando a dar direções futuras, mas em um nível de autoridade menor que a de um profeta de ofício governamental.

O profeta de ofício governamental tem penetração muito mais profunda na vida de pessoas e em situações diversas. Ele tem o dom da palavra de conhecimento de maneira mais intensa, além de adentrar no coração e na mente de Deus com mais intimidade. Isso lhe confere não só autoridade global como também sobre as minúcias, o que não é qualquer pessoa que pode discernir.

Na maioria das vezes, o profeta fala para nações, circunstâncias multinacionais, e ajuda a Igreja a ter uma visão macro, convergindo para o fim de todas as coisas: as Bodas do Cordeiro. Com os demais dons de Cristo, ele aponta para o resgate de todas as coisas nos céus e na Terra, trazendo o amadurecimento da Igreja até a estatura de Cristo.

O verdadeiro profeta tem a vida provada pelo fogo e, à medida que é tratado pelo poder do Espírito Santo, se torna muito mais próximo e sensível à mente e ao coração de Deus. Sua atuação não é esporádica, mas constante. Os cristãos proféticos até podem trazer palavras sobre o futuro e o oculto, mas não no calibre de poder e autoridade que um profeta de ofício governamental faz. Esse tipo de profeta tem poder até para decretar morte e julgar com condenação, se Deus assim quiser.

GRAÇA E VERDADE

"Porque a lei foi dada por intermédio de Moisés; a graça e a verdade vieram por meio de Jesus Cristo." (João 1.17)

Para os leitores da Bíblia minimamente atentos, não é difícil perceber o nítido contraste entre Lei e Graça nas profecias do Antigo e do Novo Testamentos, respectivamente. Ainda assim, o fato de estarmos vivendo, cronologicamente, após a ressurreição de Cristo não nos garante que estejamos vivendo a época espiritual da Graça. Se o nosso entendimento espiritual não estiver baseado nas revelações da total obra de Jesus Cristo ressurreto, corremos o risco de estar vivendo a época da Lei. É o nosso relacionamento com Cristo que determina nossa mudança de mente.

É interessante observar o posicionamento de Jesus quando, em uma de suas caminhadas por certa cidade, vê uma mulher a ponto de ser apedrejada por ter sido flagrada em adultério. Com raiva no coração e pedras nas mãos, todos os que estavam ao redor dela, para lançarem as pedras, pareciam saber de seu pecado e terem motivos suficientemente bons para condená-la. Ao olhar para ela, Jesus já sabia de onde ela vinha e tudo o que havia feito, mas, mesmo sem concordar com o pecado que ela cometera, escolheu oferecer salvação ao invés de condenação. Isso é Graça. Da mesma forma, quando viu Zaqueu em cima de uma árvore, Jesus sabia tudo a seu respeito. Apesar da possibilidade de condená-lo, decisão que traria popularidade, Ele o convidou para um jantar. Zaqueu foi amado, arrependeu-se e devolveu multiplicadas vezes o que havia roubado. A misericórdia sempre triunfa sobre o juízo. Quanto mais somos transformados à semelhança de Cristo, mais as nossas profecias expressam a graça e a verdade, e menos julgamento e condenação.

Jesus veio para cumprir a Lei e trazer a reconciliação da humanidade junto ao Pai, ministério este que delegou a nós:

"E, assim, se alguém está em Cristo, é nova criatura; as coisas antigas já passaram; eis que se fizeram novas. Ora, tudo provém de Deus, que nos reconciliou consigo mesmo por meio de Cristo e nos deu o ministério da reconciliação." (2 Coríntios 5.17-18)

Dessa maneira, toda profecia que trazemos deve estar regada pelo amor de Deus, na forma de edificação, consolo e exortação, a fim de que o ministério da reconciliação seja colocado em prática. Para isso, nossa mente deve ser transformada pelo poder do Espírito Santo e pela revelação de Sua Palavra, que é vivificada por Ele. Ter intimidade com o Espírito Santo nos leva a andar na Graça e amor perfeito de Deus. Trazer profecias diretamente de Seu coração e mente é obra do Espírito Santo e depende do quanto aprendemos a ouvir Sua voz.

Por muito tempo, a Igreja do Senhor, e eu fazia parte desta categoria, entendeu apenas parte da Graça. Pensávamos ser salvos pela Graça, não por obras, e que Deus derramava certa capacidade — aqui, entendida como Graça — para realizar o nosso chamado e, assim, refletir a Sua vontade em nossa vida.

Nesse novo derramar que vivemos, assim como Deus sempre faz, Ele está aumentando a revelação de novos mistérios para Seus filhos e de verdades que estão ocultas ou reveladas parcialmente. Esse novo entendimento da Graça tem mudado o comportamento e a mente de muitos no século XXI.

Deus, em Sua soberania, revela e estende sempre mais de Sua Graça. Os Seus planos jamais ficam invalidados ou incompletos. Nós é que devemos validar a Graça e o Seu plano para cada um de nós. Cada vez que julgamos, condenamos ou não oferecemos perdão às pessoas, ou a nós mesmos, estamos diminuindo ou invalidando a Graça do Senhor, revelada na obra vicária de Jesus Cristo.

Quanto mais experimentamos a bondade de Deus, mais nos sentimos constrangidos e passamos a odiar tudo o que O entristece. É a bondade de Deus que nos leva ao arrependimento (Romanos 2.4), de maneira que assim, o Evangelho se torna ainda menos antropocêntrico e mais Cristocêntrico. Não é mais o medo do castigo ou da penitência que nos faz desejar uma vida de santidade, mas o desejo de agradarmos ao nosso amado Deus.

A proporção do quanto amamos e perdoamos as pessoas está diretamente ligada a quanto entendemos a Graça e a misericórdia de Deus em relação a nós. É a partir desse ponto que as profecias passam a restaurar e reconciliar. São essas profecias que carregam autoridade e poder. Satanás detesta o amor de Deus. Quando amamos as pessoas e trazemos o plano de Deus para elas através da profecia, o Diabo, que já é derrotado, foge de nós. Ele conhece o poder do amor mais do que nós. O amor é a maior arma para trazer vitórias aos cristãos.

OUVIR O QUE O ESPÍRITO SANTO DIZ

As cartas de Cristo às sete igrejas, registradas no livro de Apocalipse, terminam com a mesma mensagem: "Quem tem ouvidos, ouça o que o Espírito diz às igrejas".

Se profetizar significa falar o que está na mente e no coração de Deus, conforme o Espírito Santo revela, é impossível pensarmos em profetizar, sem termos uma comunhão estreita com a pessoa do Espírito Santo.

Nosso cuidado diário deve ser caminharmos cheios do Espírito Santo. Em outras palavras, nosso espírito precisa estar constantemente assentado nos lugares celestiais, mesmo que a nossa alma e corpo estejam no trabalho, na escola ou fazendo compras, nosso espírito deve estar sempre em comunhão com o Espírito Santo. Obviamente, mesmo tendo três partes, somos apenas um ser, mas tudo está relacionado, a fim de sermos guiados pelo Espírito Santo, no nível do espírito. E isso requer de nós atenção, posicionamento e decisão constante.

É preciso desenvolver a sensibilidade ao Espírito Santo. Ele é uma pessoa muito delicada e sensível, mas não por isso menos poderoso. Ele continua sendo Deus. O Espírito Santo é muitas vezes como uma pomba que pousa em nossos ombros, e outras como um vento impetuoso, que invade e preenche o lugar, virando tudo de ponta cabeça. Eu pensava que O conhecia, mas, aos poucos, descobri que ainda havia muito d'Ele para conhecer; precisava conhecê-lO ainda mais completamente. O nosso novo homem não pode parar de crescer e, à medida que ele cresce, deixamos cada vez mais para trás as evidências do velho homem.

"[...] e vos renoveis no espírito do vosso entendimento, e vos revistais do novo homem, criado segundo Deus, em justiça e retidão procedentes da verdade. Por isso, deixando a mentira, fale cada um a verdade com o seu próximo, porque somos membros uns dos outros. Irai-vos e não pequeis; não se ponha o sol sobre a vossa ira, nem deis lugar ao diabo. Aquele que furtava não furte mais; antes, trabalhe, fazendo com as próprias mãos o que é bom, para que tenha com que acudir ao necessitado. Não saia da vossa boca nenhuma palavra torpe, e sim unicamente a que for boa para edificação, conforme a necessidade, e, assim, transmita graça aos que ouvem." (Efésios 4.23-29)

"Não apagueis o Espírito." (2Tessalonicenses 5.19)

No entanto, por causa da nossa distração, que nos leva a agir independentemente, somos capazes de entristecê-Lo e até extingui-Lo.

"Porque a inclinação da carne é inimizade contra Deus, pois não está sujeita à lei de Deus, nem mesmo pode estar." (Romanos 8.7; *Nova Almeida Atualizada*)

Precisamos aprender a exercer o que fomos chamados a ser: amigos de Deus.

Andar no Espírito Santo é a essência do ministério profético, e a base de tudo é o amor perfeito de Deus, o amor Ágape. Tudo passará, inclusive as profecias, mas o amor de Deus permanece para sempre (1Coríntios 13.8). Uma vida no Espírito e transbordando do amor do Pai opera maravilhas e tem mais autoridade e poder contra o inimigo.

CAPÍTULO 12

A NUVEM DE TESTEMUNHAS

TEÓFILO HAYASHI

"Há um espírito de pioneirismo que vem do céu e parece pairar sobre a Terra, procurando pessoas que querem ser os que irão à frente de seu tempo. Pessoas que estão dispostas a fazer qualquer coisa para estar no centro e plenitude do próximo mover de Deus. Pessoas que querem se tornar uma expressão visual, para a Terra, daquilo que está por vir. Mas há um preço que se paga quando se diz sim a isso. Da mesma forma que também existe uma glória para os que falam: "Eu viverei para a glória de Deus!". A verdade é que o avivamento irá lhe custar; que fazer história com Jesus vai lhe custar. Não existe andar cristão sem sacrifício. Não há como carregar a cruz sem dor. Não temos como clamar para que Deus nos levante como uma voz para essa geração, para sermos avivalistas, sem que isso nos custe tudo o que temos".

Essas são as palavras de um amigo, em um e-mail que enviou para mim no ano retrasado. Elas se tornaram minha inspiração para escrever o que virá a seguir.

Até o momento, nunca encontrei um homem ou uma mulher de Deus, que tenha marcado a História ou uma geração, e que tenha afirmado que, em seu trajeto com Jesus, nunca tenha sentido dor ou tido de sacrificar nada. Pelo contrário. Todos os que marcaram gerações e o mundo sempre disseram: "Custou tudo. Custou o meu tempo, o meu talento, as minhas finanças, muitos relacionamentos e, às vezes, até mesmo a minha saúde". Entretanto, ao mesmo tempo que ouço cada um deles dizer o quanto se sacrificaram e que lhes custou tudo, jamais ouvi de quaisquer deles que não tenha valido a pena tudo o que fez e todo sacrifício. Esse é o paradoxo do Cristianismo. Ele nos custará tudo, andar com Cristo demanda sacrifício, mas esse sacrifício nunca será maior do que a recompensa que Ele deposita sobre nós.

Ser cristão não é fácil. Se fosse, todos seriam seguidores de Cristo. Mas, apesar disso, não sei você, mas eu quero fazer coisas difíceis, porque entendo que essa convocação de Deus inclui também um chamado para o pioneirismo. O Espírito Santo já está falando para muitos aquilo que acontecerá com o Corpo de Cristo daqui há dez anos. E, talvez, a maioria dos que recebam essa revelação estejam pensando no quão loucos estão ficando.

> "O que quer que o Senhor esteja fazendo na face da Terra, não me deixe fora".

Mas não estão. Porque do céu tem descido uma nuvem de pioneirismo, que está pairando sobre a Terra, procurando corações disponíveis que tenham desejo de ser a amostra do próximo mover que está por vir. E é exatamente por isso que quase todos os dias eu faço esta oração: "O que quer que o Senhor esteja fazendo na face da Terra, não me deixe fora".

No ano retrasado, tive o privilégio de participar da comemoração dos cento e dez anos do avivamento da rua Azusa, em Los Angeles. O prédio onde tudo começou não existe mais; ele cedeu lugar a uma praça que foi tombada. Sentei exatamente em frente ao local em que se encontrava a pequena salinha que deu início ao movimento, e o Senhor começou a falar comigo: "Olhe para o que está diante de seus olhos. Imagine uma sala. Dela saiu o maior mover do Espírito Santo depois de Atos. Não precisa ser grande, só precisa ter o meu Espirito".

Aquilo era um confronto para mim, assim como foi ainda mais para os que viveram na época de William Seymour. Quantas vezes eu não me peguei pensando que não era grande o bastante, bom, inteligente ou dotado o suficiente. Mas Seymour, no meio de muitos prédios, analfabeto, cego, ex-escravo, também não era, mas a partir dele, um homem de coração disponível, nasceu um avivamento que varreu o mundo.

Nós somos resultado desse avivamento. Não precisa ser grande, precisa ter o Espírito Santo. Os maiores avivamentos começam com pequenas amostras do poder de Deus.

Por isso o pioneirismo é tão importante, porque, para os que decidem seguir nessa jornada, o que está em questão é a nossa própria vida. É a nossa vida que estamos entregando por essa causa. Temos de ousar crer que Deus quer nos usar. E é isso que Hebreus 12 nos revela.

"Portanto, também nós, visto que temos a rodear-nos tão grande nuvem de testemunhas, desembaraçando-nos de todo peso e do pecado que tenazmente nos assedia, corramos, com perseverança, a carreira que nos está proposta, olhando firmemente para o Autor e Consumador da fé, Jesus, o qual, em troca da alegria que lhe estava proposta, suportou a cruz, não fazendo caso da ignomínia, e está assentado à destra do trono de Deus." (Hebreus 12.1-2)

Aqui, apesar da conotação de nuvem ser outra, não poderíamos finalizar esse livro sem mostrar a importância da nuvem de testemunhas, que nos traz sobriedade, consciência e honra, não só a respeito da seriedade em dar prosseguimento a nossa busca pela nuvem de glória, como também no que essa nuvem de testemunhas realmente representa.

Em Hebreus 12, lemos a respeito dos heróis da fé, e quando o autor nos apresenta essa lista infinita de cristãos verdadeiros o que ele quer dizer aos hebreus, assim como a nós, é que eles não estavam vivendo a causa de Cristo sozinhos. Nenhum de nós está vivendo essa causa como se ela fosse sustentada apenas por nossas decisões, nossa vida ou nossas próprias ações. Não. Existe um processo multigeracional no Reino de Deus. Isso fica mais simples quando pensamos que, desde Cristo, estamos aqui há dois mil e dezoito anos, e que em todo esse tempo foram incontáveis os homens e mulheres de Deus que viveram e morreram na face da Terra. Dentro disso, só faz sentido crer que uma geração apenas não é suficiente para conter ou disseminar o Reino de Deus. O que estamos vivendo hoje não é isolado do nosso tempo. Existe uma nuvem de testemunhas que está nos observando dos céus e dizendo: "Eu paguei um preço. Por favor, não deixem o bastão cair!".

O que estamos vivendo nesses dias, principalmente no Brasil, não é resultado apenas da oração de jovens avivalistas que têm se levantado, mas de uma imensidão de outras gerações que pagaram o preço em jejum e oração para que experimentássemos os céus abertos hoje.

Isso me lembra de um dos esportes que eu mais amo assistir durante as Olimpíadas: a corrida 4 x 100. Nela, os quatro velocistas mais rápidos de um país correm segurando um bastão em um processo de revezamento. O primeiro sai correndo com o bastão em mãos e após terminar seu trajeto de 100 metros, passa-o para o segundo, que faz o mesmo e entrega para o terceiro, que repete o movimento com o quarto e último corredor, que, então, leva o bastão até a linha de chegada. Normalmente, o último velocista é o melhor, por isso fica nessa posição.

Hoje nós temos um bastão em mãos. E as pessoas que começaram correndo com ele são as que estão na nuvem de testemunhas agora. Em outras palavras, aquilo que temos como um sonho de Deus para cumprirmos tem tudo a ver com algo que já foi construído nas gerações passadas.

Eu tenho plena consciência de que há certas coisas que estou fazendo e caminhos que estou trilhando, que não tem absolutamente nada a ver comigo. Ninguém precisa me lembrar disso. Basta ouvir as histórias da minha mãe, dos meus avós e dos missionários que levaram meus avós a Jesus. Eles pagaram um preço muito alto. E talvez, da mesma forma, o que os meus filhos viverão não terá a ver com eles. Por isso é tão fundamental entendermos o poder da disponibilidade. Nesse momento, alguns estão correndo a corrida sob os olhares de uma grande nuvem de testemunhas a observá-los, e só o que essa nuvem está dizendo é: "Eu já fiz o difícil, a única coisa que você tem que dizer é sim! Só diga sim!".

Já jejuaram por nós, já foram martirizados por nossa causa, já fomentaram grandes revoluções, já pagaram preços financeiros e construíram instituições por nós; agora, nós pegamos o bastão e só precisamos correr os 100 metros. Não precisamos correr 100, depois 200 e depois 300. Não. Só estamos responsáveis por 100 metros. Quando leio esse trecho de Hebreus é essa a visão que eu tenho.

Uns anos atrás, eu estava orando e meditando porque precisava de uma direção de Deus para uma decisão importante que teria de tomar. Era a opção A ou B. Às vezes, conforme avançamos em nossa espiritualidade, passamos a orar por clareza sobre o que é certo e o que é errado, afinal, queremos fazer o que é certo. E isso acontece conosco, mesmo depois de anos de conversão. Mas há alguns momentos que entramos em uma fase onde não temos de decidir entre o certo e o errado, mas entre o bom e o melhor. Ou seja, entre o certo e o mais sábio; a vontade permissiva e a perfeita. E, então, Deus começou a falar comigo: "Você está correndo uma corrida diante de uma nuvem de testemunhas. Será que agora você consegue tomar decisões tendo gerações passadas como fator determinante?

Na corrida 4 x 100, se o percurso é no sentido anti-horário, os corredores têm de levar em conta essa condição. Supondo que eu seja o último velocista dessa prova, o lado que escolher correr vai ser o fator determinante para a vitória. Ou seja, existe um fluxo certo; se o primeiro, o segundo e o terceiro correram no sentido anti-horário, a minha parte é correr no mesmo sentido também; o que mostra a minha consideração ao dar a devida importância às decisões que o primeiro, o segundo e o terceiro tomaram. O mover de Deus para a nossa geração não envolve apenas a nossa geração. Aquilo que nós colheremos ou estamos colhendo envolve decisões que nossos avós, pais ou professores pagaram o preço para ter.

Entretanto, não é apenas essa verdade que os versículos de Hebreus nos revelam. Sim, enquanto corremos precisamos nos lembrar de que a corrida não tem a ver apenas conosco. Os versos seguintes nos advertem de que, durante esse momento de corrida, precisamos nos livrar de todo sobrepeso, de tudo que atrapalha.

Jesus é sempre o melhor exemplo. A Palavra nos afirma que, por causa da alegria que estava proposta, Ele correu. Não apenas isso, mas suportou a cruz, desprezando a vergonha. Se quisermos seguir a Jesus, precisamos desprezar a vergonha. Por que? Porque uma hora ou outra ela baterá em nossa porta.

É cada vez mais frequente falarmos e ouvirmos sobre avivamento, sobre histórias de milagres sobrenaturais e sobre o quanto iremos mudar o mundo; mas falta lembrar o quanto isso irá nos custar. Não é para os fracos. O Evangelho é para todos, mas Jesus já calculou o custo. E você, assim como eu, precisa pagar um preço se quiser seguir na jornada com Cristo.

Pela alegria que estava proposta, Ele desprezou o sofrimento, a crise, o caos e a vergonha, porque entendeu que existia uma glória maior adiante. Se conseguirmos olhar como Jesus, enxergar a glória proposta, suportaremos a cruz, desprezaremos a vergonha e chegaremos à manifestação daquilo que já aconteceu no espírito — sentarmos à direita de Deus.

Algumas vezes me pego pensando se, eventualmente, Jesus não estava carregando a cruz já imaginando a direita do trono de Deus.

Charles Spurgeon, um dos maiores pregadores que já existiram, disse: "É minha convicção que a maior parte dos cristãos não acredita na ressurreição de Cristo". Se eu lhe perguntasse se você acredita na ressurreição de Jesus, provavelmente você diria que sim. No entanto, apesar da verdade contundente de Spurgeon, fato é que acreditar na doutrina da ressurreição é diferente de acreditar com o coração, como diz em Romanos 10.10.

> "Visto que com o coração se crê para a justiça, e com a boca se faz confissão para a salvação". (*Almeida Revista e Corrigida*)

Mente e coração. Podemos crer com um ou outro. Por isso, precisamos ficar atentos, porque quando afirmamos crer na ressurreição, as chances são grandes de estarmos apenas crendo em nossas mentes, afinal, é isso que dizem as estatísticas. O Cristianismo é cada vez mais crescente, mas, ao mesmo tempo, as mudanças na sociedade não estão acompanhando esse avanço. Mesmo assim, é inegável como os cristãos, ao longo dos séculos, passaram por tantas perseguições e planos de destruição em massa, e ainda permaneceram. Se o Cristianismo não fosse verdade, ninguém, em sã consciência, entregaria sua vida a ele e por ele.

O maior grupo perseguido e martirizado sempre foi a Igreja de Cristo. Ela, entretanto, nunca retrocedeu, pelo contrário, sempre avançou e continua fazendo isso até os dias de hoje. Portanto, o que podemos inferir é que Jesus ressuscitou. Mas é diferente quando acreditamos na ressurreição com o coração, porque é o momento em que passamos a dar valor para as coisas eternas. É ilógico crer que Jesus ressuscitou e não crer nas coisas eternas, justamente, porque quando estamos com Cristo, as coisas passageiras perdem o valor. A ressurreição aponta para algo maior e melhor na eternidade, ainda que vivamos no passageiro.

Então, o que Charles Spurgeon quis dizer sobre a maioria dos cristãos não crerem com o coração a respeito da ressurreição, ainda que profiram com a boca que Ele ressuscitou, tem base no fato de se apegarem demais às coisas passageiras e titubearem muito quando tem de se lançar para as coisas eternas.

Deus quer levantar uma geração que consiga ter olhos para as coisas eternas. Que não é consumida por coisas passageiras. Uma geração que possuirá coisas passageiras, mas que não será possuída por elas. Que deposita tudo o que tem diante de algo que tem valor eterno. Que se lança completamente para dentro da eternidade.

> Deus quer levantar uma geração que consiga ter olhos para as coisas eternas. Que não é consumida por coisas passageiras. Uma geração que possuirá coisas passageiras, mas que não será possuída por elas.

Eu me lembro de que, quando me deparei com a declaração de Spurgeon, comecei a questionar qual era a minha revelação de eternidade, porque é impossível ser um cristão sem valorizar as coisas eternas e ter real apreço por elas. É impossível ser um cristão radical sem ter a visão da eternidade, porque é ela que nos faz desprezar a vergonha. É a visão da glória eterna que nos faz suportar a cruz.

E, quando pensamos nisso, nos deparamos com a triste realidade de cristãos desviados, o que é extremamente conflitante, porque se o Senhor é verdade, e se a vida eterna e a vida em abundância estão disponíveis, por que alguém abriria mão disso?

Há alguns anos, uns amigos e eu estávamos evangelizando na Vila Madalena, um bairro de São Paulo, quando, de repente, vi um jovem, completamente bêbado, cambaleando e prestes a cair na calçada. Corri para segurá-lo e sentá-lo, e após estar em segurança, ele vomitou. Nós o limpamos e lhe oferecemos água. Instantes mais tarde, quando ele já apresentava melhoras, comecei a compartilhar com ele sobre Jesus. Ele começou a chorar e, enquanto olhava para mim, disse: "Eu era ministro de louvor". Aquilo não me assustou, apesar de me entristecer. Essa é a realidade em que vivemos. Em um período de três anos, constantemente, fazendo evangelismos na Vila Madalena, calculamos uma média: seis a cada dez jovens eram desviados; e o motivo era e continua sendo o mesmo. Muitos desistem da corrida por não estarem conseguindo enxergar o que Cristo enxergou enquanto carregava a cruz.

A verdade é que é difícil viver para Jesus, mas faz sentido, uma vez que se consegue enxergar valor eterno.

Em algum momento, é necessário encarar essa realidade. Precisamos olhar para o apartamento que temos ou queremos, o carro, o diploma, o ministério e a viagem, e saber que isso irá passar. Jesus encarou a vergonha, mesmo estando nu, tendo sido espancado, torturado e escarnecido; Ele continuou andando, porque enxergou o que ninguém havia visto. Ali, Jesus estava ilustrando exatamente o que Eclesiastes 3.11 diz:

> "Ele fez tudo apropriado a seu tempo. Também pôs no coração do homem o anseio pela eternidade; mesmo assim este não consegue compreender inteiramente o que Deus fez." (NVI)

Em 2016, houve ataques terroristas na Bélgica. Lembro que estava sentando no sofá, na sala da minha casa, comendo cereal e vendo o noticiário, que falava a respeito dos rapazes que deram a vida por aquele ataque. Enquanto a TV soltava mais informações sobre eles, o Espírito Santo começou a falar comigo. Era como se o ambiente tivesse congelado e só estivéssemos ali, eu e Ele.

— Filho, de onde eram esses meninos?

— Pelo que eu saiba, um deles era francês e os outros dois eram belgas!

— Mas então, porque eles têm nomes árabes? — ele perguntou como se estivesse querendo provocar minha curiosidade.

— Provavelmente porque seus pais são árabes. — respondi.

E foi só. Ele não me disse mais nada. No entanto, aquilo continuou martelando a minha mente. Eles eram cidadãos europeus, mas os seus pais eram do Oriente Médio. Quando eu estudava no EUA, houve uma época em que joguei futebol em um time de mexicanos; a maioria imigrante ilegal. Eu era o único brasileiro e com outros dez mexicanos, formávamos uma equipe que competia em uma Liga. Entretanto, mais emocionante do que jogar ao lado deles, foi me tornar amigo de cada um e conhecer de perto a realidade em que viviam. Eles me contavam histórias de como suas famílias cruzaram a fronteira, fugiram da polícia e atravessaram rios; exatamente como assistimos em documentários e filmes. Alguns deles levaram quatro meses para cruzar a fronteira. Todas as vezes em que escutava tudo isso, eu pensava: "Uau! Eles realmente queriam uma vida melhor para suas famílias! Por isso eles fazem tanto sacrifício, correm risco de perder a vida, só para trabalhar e ter condições melhores nos EUA". Então, passei a entender um outro lado da realidade dos imigrantes ilegais nos EUA, que, em sua maioria, são mexicanos.

Enquanto assistia ao noticiário que informava sobre a vida dos terroristas na Bélgica, lembrei disso e do texto de Eclesiastes 3.11, e tudo começou a fazer sentido.

Imagine os pais desses jovens terroristas. O que será que passa no coração de uma mãe ao ver seu filho matando dezenas e dezenas de pessoas em um aeroporto na Bélgica? Talvez em seu coração, ela, e o marido, só tivessem o desejo de dar uma vida melhor a sua família. Eles saíram do Oriente Médio, foram para a Europa como imigrantes, talvez tenham se submetido a trabalhos manuais ou outros abaixo da formação acadêmica que receberam só para que seus filhos tivessem oportunidades melhores.

A Europa é um continente civilizado. Lá há saúde pública, infraestrutura, educação e um sistema funcional, além de não ter assaltos frequentes ou guerras. A sociedade é desenvolvida. Suponhamos, então, que a submissão desses pais a uma cultura estranha e diversas outras condições, muitas vezes até mesmo preconceito, gerasse como fruto o nascimento desses rapazes em uma terra de oportunidades. Eles estudariam nas melhores universidades, comprariam apartamentos, se quisessem, teriam um sistema realmente eficaz e desenvolvido de saúde e educação; teriam, provavelmente, grandes chances de conquistarem fortuna, viajar, sem contar o carimbo da União Europeia em seus passaportes. O céu seria o limite se nascessem lá. Teriam todas as oportunidades que seus pais não tiveram, e ainda muito mais. Então, o que faz um jovem europeu, com tantas oportunidades, escolher se matar e matar outras pessoas? O anseio pela eternidade, descrito em Eclesiastes 3.11.

> A base é Jesus. Ele precisa ser a prioridade número um.

Todo ser humano tem a eternidade em seu coração. Dentro de nós existe um clamor insaciável pela eternidade, que berra por um sentido além desse mundo passageiro; que clama por algo que dinheiro, formação acadêmica, amizades, relacionamentos e *status* social não puderam nem jamais nos poderão dar.

Talvez você não esteja ouvindo esse clamor hoje, mas posso garantir que sempre que possuir tudo aquilo que pensa ser capaz de saciar seus anseios, se deparará com esta verdade: você não está saciado!

Em 2016, na Bélgica, apesar do contexto promissor em que viviam aqueles rapazes, eles, muito provavelmente, tiveram um contato com o anseio pela eternidade. O inimigo, entretanto, de maneira sagaz, roubou aquele anseio, torceu-o, injetando o engano em suas veias. Rapidamente, ele os introduziu a um radicalismo islâmico e os convenceu de que era exatamente aquilo que saciaria seus anseios pela eternidade. "Mate os infiéis, mate a si mesmo, e assim você terá uma recompensa na eternidade". E, hipoteticamente, tomados por aquele engano, aqueles garotos aceitaram o convite enganoso, porque a eternidade clamava no coração deles.

Fico imaginando, talvez, eles andando pelas ruas de Bruxelas ou de Paris, rodeados de riquezas, conforto, praticidades e *glamour*, ao mesmo tempo em que questionavam como seus pais puderam pensar que essas coisas fossem lhes saciar. Essas coisas não os saciaram. Eles procuravam por uma causa eterna.

Nós chamamos essas pessoas de radicais. E eu me pergunto: O que seria, então, um cristão radical?". Não, eu não concordo com eventos ou levantes como as cruzadas, em que a igreja cristã financiou a morte de tantos. Aquilo não é Cristo. Ele é amor e não ódio. Mas eu defendo que existe algo que nós, cristãos, ainda não entendemos acerca de um Cristianismo radical; um cristianismo que diz sim à ressurreição de Cristo e, por isso, pode ter convicção para abrir mão daquilo que é passageiro e se agarrar àquilo que é eterno. Isso não quer dizer que a partir de hoje todos precisaremos abrir mão de tudo o que é passageiro e viver debaixo de uma ponte. Isso não glorificaria a Deus. A questão é onde está o nosso coração.

Nós estamos vivendo um Cristianismo diante de uma nuvem de testemunhas. Não estamos carregando o bastão do que construímos sozinhos. Nessa corrida, um velocista correu 100 metros, outro mais 100, outro ainda, mais 100, e, agora, nós estamos carregando algo que representa o sofrimento, o treinamento e o sacrifício de outros três corredores que vieram antes de nós.

Há dois anos, voltei ao Havaí, para a escola de missões onde estudei, para dar aulas de treinamento sobre o profético. Após um pouco de teoria, passamos para a prática com uma ativação profética. O clima estava completamente pronto: O Espírito Santo estava lá. Ao término, Andy Byrd, líder da escola e grande amigo meu, veio comentar comigo o quanto que aquela aula seria útil para a viagem que eles fariam em breve. A maioria iria para o Nepal, país em que a entrada do Evangelho é totalmente proibida. Aqueles rapazes e moças sabiam disso. Eles estavam cientes do risco que correriam, mas, ainda assim, estavam felizes porque tinham consciência de que aquilo era algo eterno. Naquele momento, percebi o quanto o radicalismo daqueles jovens me confrontava. Eu precisava ser lembrado disso. Precisava voltar às raízes. Quando em meu mundo Dunamis eu sofri algum risco de vida? Quando eu corri risco de ser morto ou jogado em uma prisão? Nós não sofremos essas coisas no Brasil. Nós não temos a menor noção do que isso significa. Ficamos machucados quando alguém nos critica no *Instagram* ou *Facebook*.

Enquanto meu amigo ia me contando o que eles encontrariam pela frente, eu mantinha meus olhos em cada um deles. Deus, então, me perguntou: "Você se lembra da base de tudo? Suportar a cruz".

Olhe para a cruz, veja o valor eterno que ela tem, despreze a vergonha e continue correndo. Corra! Não pare. Livre-se daquilo que está prendendo você e continue correndo. Faça o básico. Não importa se alguém tem o maior ministério apostólico da galáxia, se não estiver fazendo aquilo que Deus o mandou fazer, a voz que clama pelo que é eterno jamais será silenciada. Só faça aquilo que Ele pediu que você faça; isso trará paz e acalmará sua ansiedade pelo eterno.

São tantas parafernálias evangélicas que bombardeiam nossa cabeça. São tantos excessos, tantas preocupações e discussões sem fundamento algum. Perdemos tanto tempo com coisas inúteis. Precisamos voltar para a base, para a essência. Isso irá nos custar algo, nada virá sem sacrifício, mas nunca o sacrifício será melhor ou maior do que a recompensa, porque ela é eterna, e o sacrifício é passageiro.

O passageiro nunca será maior do que o eterno. Existe algo eterno no final da linha e é por isso que conseguimos suportar o que é passageiro, como a vergonha e a cruz. A base é Jesus. Ele precisa ser a prioridade número um. Tudo o que vem depois precisa fluir d'Ele, mas Ele é o primeiro. E, por mais simples que isso possa parecer, a Igreja não está vivendo essa realidade. Quando começamos a enxergar a eternidade as coisas começam a mudar. As prioridades começam a mudar. O nosso foco, mente e coração mudam. É momento de o Brasil ver cristãos radicais de verdade. É momento de fazermos alguma coisa. Chega de ficar nos alimentando de conferência em conferência. Precisamos fazer alguma coisa.

Há livros, documentários e filmes que precisam ser escritos. Tem negócios próprios que precisam ser abertos.

Há programas de *softwares* e aplicativos, que precisam ser desenvolvidos, ONG's que precisam ser fundadas. Até quando ficaremos pedindo confirmações? Precisamos de um senso maior de urgência dentro de nós.

Por isso, seja lá o que Deus o chamou para fazer, faça. Esteja disponível. Porque o que Ele pode fazer com uma vida completamente rendida em suas mãos é uma incógnita que só seremos capazes de desvendar na prática.

ANEXOS

DUNAMIS MOVEMENT

O Dunamis Movement é um movimento cristão, para-eclesiástico cujo foco é um avivamento sustentável. Nós buscamos despertar uma geração para que ela venha estabelecer a Cultura do Reino de Deus na Terra, e assim transformar a sociedade a sua volta.

No grego, a raiz da palavra Dunamis é *dynamus*, que significa o poder explosivo do Espírito Santo, com uma conotação de dinamite e dinâmica. No grego há quatro palavras sinônimas de poder: *Exousia* (autoridade delegada), *Ischuros* (força física), *Kratos* (domínio) e a palavra *Dunamis*, providenciando um sentido de energia, grande força e grande habilidade, muitas vezes descrito como o poder vindo de um outro mundo em atividade na Terra, conquistando a resistência.

Dunamis era um poder que se manifestava em dons, milagres, muitas conversões e um crescimento significativo na igreja. Em Atos 4.33 é relatado essa palavra: "Com grande poder (*dunamis*) os apóstolos continuavam a testificar da ressureição do Senhor Jesus e grande favor estava sobre eles". É com esse poder e graça vinda dos Céus que esse ministério visa expandir o Reino de Deus através de jovens que, primeiramente, são avivados para depois serem agentes de transformação na sociedade.

DUNAMIS POCKETS

Os Pockets são bolsos de avivamento e funcionam como bases missionárias dentro de centenas de universidades ao redor do mundo, onde ocorrem reuniões semanais. Essas reuniões têm o propósito de proporcionar encontros de jovens universitários com o poder transformador do Espírito Santo. Nosso objetivo é habilitar estes jovens para operarem o sobrenatural de Deus, gerando transformação em todas esferas da sociedade, levando os valores do Reino de Deus para diversas áreas de atuação, assim tornando possível uma transformação genuína desta nação e do mundo.